Materialien für den Religionsunterricht

Gerhard Brockmann · Wolf-Eckart Failing
Hanno Schanze

Religion
Ideologie
Gesellschaft

Materialien zu ausgewählten Aspekten

Verlag Moritz Diesterweg
Frankfurt am Main · Berlin · München

1715

ISBN 3-425-01715-2

1. Auflage

Satz und Druck: Druckwerkstätten Koehler & Hennemann, Wiesbaden.

Bindearbeiten: Großbuchbinderei Hiort, Wiesbaden.

Inhaltsverzeichnis

Einleitung

In diesem Materialienheft geht es zwar vorwiegend um das Phänomen der *Religion*, aber so, daß zum einen die Problematik „Religion und *Ideologie*", zum anderen der Zusammenhang „Religion und *Gesellschaft*" erörtert werden können. Es ist darauf verzichtet worden, die theologische Binneninterpretation einzubeziehen. Stattdessen wurde ausführlicher auf religionssoziologische Ansätze und Erkenntnisse zurückgegriffen.

Das Heft erhebt nicht den Anspruch, vollständig zu sein hinsichtlich der Fragemöglichkeiten und Inhalte. Es ist daher beliebig erweiterbar, etwa auf folgende Aspekte hin: Religion als das Heilige; Religion und Sexualität, Familie oder gesellschaftlicher Wandel.

Die Herausgeber erhoffen sich von dieser Materialiensammlung

— eine breitere Information über das Phänomen des Religiösen
— eine vielfältigere Art von Fragehaltungen und Inhaltsentscheidungen gegenüber Religion
— eine stärkere Motivation zur Deutung individueller und gesellschaftlicher Realität.

„Na, Jungs, machen wir'n Faß auf? Jazz? Film? Palaver über Mann und Weib?" — „Könnten Sie uns heute nicht mal ausnahmsweise die Kiste mit der Religion erklären?"

I. Funktionen von Religion

KARL-WILHELM DAHM

Die Funktion von Religion im Leben eines Menschen

Wir wollen der Frage nachgehen, welche Aufgaben denn die Religion im Leben des einzelnen Menschen erfüllt und welche Aufgabe sie im Leben der menschlichen Gemeinschaften wahrnimmt. Es geht uns demnach nicht um das *Wesen* der Religion, sondern es geht uns um die *Funktion* der Religion. Wir meinen, daß in dieser sogenannten funktionalen Betrachtungsweise der Streit darüber, ob die Religion auf das Heilige schlechthin bezogen ist oder nicht, ob es in der Religion notwendig um Übernatürliches geht oder nicht, zurücktritt, sozusagen unentschieden bleiben kann.

Welche Aufgaben nun nimmt die Religion im Leben des Einzelmenschen, des Individuums, wahr, was leistet sie? Diese Frage ist heute nicht mehr so klar und für jedermann einleuchtend zu beantworten wie sicher noch vor 50 Jahren und erst recht in früheren Zeiten. Das hängt unseres Erachtens vor allem zusammen mit der sogenannten „Segmentierung" der Religion, d. h. mit ihrer Auffächerung gewissermaßen in eine Reihe von Unterabteilungen. Gemeint ist, daß dort, wo früher bei ganzen Bevölkerungsgruppen eine ziemlich einheitliche religiöse Vorstellungswelt bestand, heute eine Reihe von religionsähnlichen Auffassungen miteinander konkurrieren, sich miteinander vermischen und eben eine Art neuer Unterabteilungen von Religion hervorbringen.... Zunächst verdeutlichen wir uns, die Funktion der Religion etwa im Leben einer Bäuerin vor etwa 150 Jahren.

In ihrem Heimatdorf stand die Kirche nicht nur äußerlich im Mittelpunkt des Ortes. Auch den allgemein geltenden Vorstellungen nach fühlte man sich dort ganz selbstverständlich als evangelisch. In ihrem Elternhaus wurde abends am Kinderbett gebetet; vor den Mahlzeiten sprach der Vater ein Tischgebet. Die Mutter ging alle 14 Tage zum Gottesdienst, der Vater durchschnittlich einmal im Monat. Im Religionsunterricht der Volksschule sowie im Konfirmandenunterricht mußte sie eine ganze Anzahl von Gesangbuchversen, die meisten Stücke des Katechismus und einen Teil der in der Lutherbibel fett gedruckten biblischen Kernsprüche auswendig lernen. Die evangelische Gedankenwelt wurde auf diese Weise ganz selbstverständlich zu ihrem eigenen religiösen Vorstellungsrahmen. Dieser Rahmen wurde immer wieder bestätigt und gefestigt durch das, was die Menschen ringsum glaubten und wie sie sich verhielten. Selbst wenn ihr die evangelische Welt- und Lebensanschauung nicht einleuchtend gewesen wäre, hätte unsere Bäuerin kaum die Möglichkeit eines anderen religiösen Rahmens gehabt; denn ihr fehlten sowohl die Kenntnisse einer anderen Weltanschauung als auch die Instrumente, mit ihnen umzugehen.

Sie war, ohne selbst vorher gefragt worden zu sein, in die evangelisch-lutherische Religiosität nicht nur hineingewachsen, sondern die in ihrem Heimatgebiet herrschende Religion war ihre eigene, sozusagen ein Stück von ihr geworden.
Damit können wir die Frage wieder aufnehmen, welche Funktion denn die Religion im Leben von dieser Bäuerin erfüllte, nachdem sie ins Nachbardorf hinübergeheiratet hatte und selbst Mutter geworden war. Ich unterscheide zur Verdeutlichung drei Bereiche, in denen diese Funktion klar zu beobachten ist. Der erste Bereich betrifft das sogenannte Gefühlsleben. Sie muß mit ihren verschiedenen Ängsten fertig werden, beispielsweise mit der Angst, daß ihr lebensgefährlich erkranktes Kind sterben könnte, oder mit der Angst, daß der eigene Ehemann als Soldat im Kriege fallen könnte, oder daß das heimatliche Dorf und die eigene Familie durch eine Epidemie oder durch eine Folge katastrophaler Mißernten in Not und Elend geraten könnte.
Mit all diesen Ängsten fertig zu werden hilft ihr ihre Religion; sie betet, sie bittet Gott um Hilfe, sie sagt sich die Gesangbuchverse auf, die ihr die Möglichkeit geben, ihre eigenen Empfindungen überhaupt einmal in Worte zu fassen, sie damit ein Stück weit aufzuarbeiten.
Überhaupt findet sie in diesen Gesangbuchversen ihre eigenen Lebensverhältnisse wieder, nicht nur, was die Angst betrifft, sondern auch, was die Erfahrungen der Freude oder des Glückes, des Vertrauens oder der Enttäuschung, des Leidens und des Sterbens angeht. Unsere Bauersfrau hat, wie gesagt, keine andere Instrumente, mit dem unruhigen Bereich ihrer Gefühle umzugehen, als diesen ihren religiösen Vorstellungsrahmen. Der aber hilft ihr auch tatsächlich.
Der zweite Bereich, in dem die Religion eine wichtige Bedeutung für die Frau hat, sind die sogenannten Sinnfragen des Lebens. Es ist nicht so, daß sie sich dauernd mit diesen Fragen beschäftigt, daß sie von ihnen umgetrieben würde. Aber sie weiß, sie sind grundsätzlich beantwortet. Diese Fragen, woher es beispielsweise kommt, daß man das Gute will und doch das Böse tut, woher es kommt, daß der eine, obwohl ein durch und durch anständiger Mensch, geradezu vom Pech verfolgt ist, und der andere, ein durchtriebener Schurke, auch noch Glück mit seinen finsteren Geschäften hat; warum Menschen überhaupt leiden und sterben müssen; diese Fragen haben ihre beängstigende Macht verloren. Im Katechismus hat sie gelernt, warum die Welt so ist wie sie ist. Und diese Antworten des Katechismus hat sie ebensowenig wie ihre Altersgefährten und Dorfgenossen je hinterfragt.
Die sogenannten Sinnfragen des Lebens waren letzten Endes geregelt — auch wenn, das freilich wußte Frau Michel genau, es im persönlichen Leben oft sehr schwer war, sich in diesen Sinn zu schicken, ihn zu akzeptieren.
Der dritte Bereich, in dem die Religion für Sie eine wichtige Rolle spielt, betrifft die sittliche Ordnung, die ethischen Werte und Normen, das, was man im Volksmund „gut und böse“ nennt. Diese sittliche Ordnung hatte ihr Zentrum in den Zehn Geboten, ausgelegt und erklärt wiederum im lutherischen Katechismus. Gewiß erlebte die Frau ständig, daß diese 10 Gebote nicht streng eingehalten wurden, und gewiß war sie keineswegs darauf aus, mit erhobenem Zeigefinger hinter jedem herzulaufen, der ein Gebot ersichtlich übertreten hatte. Sie war

keineswegs eine religiöse Fanatikerin. Trotzdem hielt sie entschieden daran fest, daß von den Zehn Geboten nicht ein Tüpfelchen abgestrichen werden dürfe; denn wenn die grundsätzliche Gültigkeit der Zehn Gebote außer Kraft gerate, dann, so meinte sie ebenso wie die allermeisten ihrer Zeitgenossen, werde das Leben aus den Fugen geraten, werde gewissermaßen alles „drunter und drüber" gehen.

In diesen drei Bereichen, in dem der Bewältigung elementarer Gefühle, in dem der Regelung der Sinnfrage und dem der Vermittlung sittlicher Wertordnungen, spielt die Religion für die Frau unserer Beispielgeschichte eine ganz zentrale Rolle. Man kann sagen, ihr religiöser Vorstellungsrahmen sei geradezu das Steuerungssystem, mit dessen Hilfe sie ihr Lebensschiff durch ihre Alltagswelt steuert, an dem sie Orientierung gewinnt, wenn die Fahrt einmal durch gefährliche, unsichere und dunkle Gewässer geht.

Wir sahen, daß die Frau dieses ihr Steuerungssystem sich in ihrer Kindheit angeeignet, es gewissermaßen erlernt hat, daß sie die Werte und Normen ihrer Religion „internalisiert" hat, wie man heute sagt, daß sie also diese Religion sozusagen in ihr Innenleben hineingenommen, daß sie sie verinnerlicht hat. Damit soll ausgedrückt werden, daß es sich bei einem solchen Hineinwachsen in die Religion keineswegs nur um das Erlernen eines abfragbaren Wissens handelt. Außer dem Bereich des Wissens, des Verstandes, wie wir landläufig sagen, spielt für die Religion der Bereich der Gefühle oder, genauer, dessen, was wir die Seele nennen können, eine ganz erhebliche Rolle. Freilich sind alle diese Unterscheidungen ein wenig gewaltsam. Denn in Wahrheit sind ja Gefühl und Verstand auch im religiösen Bereich auf das engste miteinander verflochten.

Weshalb wir trotzdem diese Unterscheidungen einführen müssen, kann an einem Beispiel deutlich werden. Auf dem kleinen Hof der Frau wird im Zusammenhang der sogenannten Befreiungskriege für einige Wochen ein junger Leutnant einquartiert. Der junge Mann erklärt, daß er Religionswissenschaft studierte und selbst eines Tages Forscher werden wolle; von Hause aus sei er katholisch erzogen; inzwischen habe er jedoch längst seinen Kinderglauben überwunden und halte sich jetzt für einen aufgeklärten Atheisten. Die Frau weiß nicht so recht, was das ist, kümmert sich auch nicht weiter darum. Beiläufig erfährt sie jedoch, daß der Leutnant auch vom lutherischen Katechismus und den Gesangbuchliedern sehr viel mehr weiß als sie selbst. Trotzdem, so spürt sie, hat dieses Wissen bei ihr und ihm doch eine andere Bedeutung. Daß der Leutnant viel mehr weiß, bedeutet noch längst nicht, daß dieses Wissen für die Steuerung seines Lebens eine ebenso wichtige Rolle spielt wie das vergleichweise viel kleinere Wissen, das die Bäuerin von der Religion hat, für sie selbst spielt. Sie versteht zwar nicht so gut die Zusammenhänge und Probleme, aber sie ist, wie man so sagt, mit dem Herzen dabei. Sie reagiert empfindlich, wenn der Student eine schnodderige Bemerkung macht; man merkt, daß die Worte, die sie selbst findet, mit starken Gefühlen beladen sind. Und genau das ist es, was als Definition von Religion im Sinne unserer funktionalen Betrachtungsweise dazugehört; der hohe Anteil von Emotionalität, von Gefühlsbindungen.

Fassen wir noch einmal zusammen, wie sich Religion darstellt, wenn wir von ihrer

Funktion für den einzelnen Menschen ausgehen: sie erscheint als eine emotional hochbesetzte Bindung an ein bestimmtes Deutungs- und Werteschema; im Falle unserer Bäuerin Michel also als Bindung an das Deutungs- und Werteschema der lutherischen Volkskirche. Diese Bindung hat die Aufgabe, dem Menschen zu helfen, mit den Gegebenheiten, Zufälligkeiten und Undurchsichtigkeiten seiner Alltagswelt fertig zu werden. Oder um es einmal mit den Worten des bekannten jüngeren Soziologen Niklas Luhmann und damit in einer bestimmten soziologischen Fachsprache zu formulieren: „Religion hat die Funktion, die an sich kontingente Selektivität gesellschaftlicher Strukturen und Weltentwürfe tragbar zu machen, d. h. ihre Kontingenz zu chiffrieren und motivfähig zu interpretieren." Etwas vereinfacht bedeutet dieser Satz, daß Religion die Aufgabe hat, die mir zufällig zuteil gewordene Lebenssituation tragbar zu machen.

DIETER STOODT

Acht Funktionsaspekte von Religion

1. Erstens ist die Religion für den einzelnen Menschen die Möglichkeit der Reduktion von Angst. Statt Reduktion kann man vielleicht auch Bewältigung sagen. Es geht darum, daß menschliche Emotionen, Affekte, durch religiöse Verkündigungen oder religiöse Tätigkeiten oder religiöse Gemeinschaft überwunden oder doch unter Kontrolle gehalten werden können. Religion ist nicht einfach das Gefühl der Angst, aber sie bezieht sich darauf und sucht Geborgenheit zu vermitteln. Freilich, sie kann Menschen in der Angst befestigen, sie kann sie mit grundloser Geborgenheit einlullen; das wissen wir alle. Dann ist sie allerdings keine biblische Religion. Denn biblische Religion schränkt Angst ein, stabilisiert emotional, macht damit aber zugleich für eigene Einsichten und Handlungen sowie für Kommunikation stabil, die auf das Überschreiten der unmündigen Geborgenheit aus sind.

2. Religion ist zweitens die Fülle der Versuche, die Welt zu deuten. Sie hat es zentral zu tun mit dem Stellen und dem Beantworten von Sinnfragen (Tod, Krankheit usw.). Selbstverständlich weiß der Religionssoziologe, daß die Intensität und auch das äußere Ausmaß des Stellens von Sinnfragen sozialschichten-spezifisch variiert: Man kann sagen, daß die Art und Weise, in der in Mitteleuropa Sinnfragen gestellt werden, eben typisch bürgerliche Schichten der Gesellschaft betreffen. Die Sinnfragen sind anders, ob man nur das zum Leben Notwendigste besitzt oder ob man ein relativ wohlhabender Bürger geworden ist. Daß aber überhaupt Sinnfragen gestellt werden, ist bisher in der Geschichte der Menschheit ein durchgehendes Element gewesen, und wir werden mindestens bei aller Vorsicht vorhersagen können, daß die Deutungen des Lebens, die Fragen z. B., warum gelitten werden muß, nicht aufhören werden, solange der Mensch lebt und leidet. Wiederum ist zu sagen, daß die Religion nicht einfach diese Sinnfragen produziert, diese Lebensdeutungen gibt, sondern wir müssen sagen, daß die Religion sich eben mit den Sinnfragen, die der Mensch hat, abgibt, daß sie auf

die Rätsel des Leidens und des Lebens überhaupt Antworten zu geben versucht, Deutungsschemata bereitstellt.

3. Darüber hinaus ist aber die Religion auch der Versuch, Wertmaßstäbe zu geben. So etwas wie die Zehn Gebote oder was auch immer in anderen Religionen an solchen grundlegenden Verhaltensmaßstäben zu nennen sein mag, sind ein zentraler Punkt der Religion, wenn sie religionssoziologisch aufgegriffen wird. Religion, in Westeuropa und Amerika: die biblische Religion, liefert verhaltenssteuernde Traditionen und Orientierungen. Religion beantwortet die Frage nach dem, was gut und böse ist. Sie setzt Sanktionen und Kontrollinstanzen ein, damit über diese Fragen gewacht wird. Auch für unsere Gesellschaft sind grundlegende Wertzusammenhänge gegeben, auch wenn es noch so extreme Alternativen, mit denen sie ausgelegt werden, gibt, und auch wenn bestimmte Werte leeren Hülsen gleichen können, Belanglosigkeiten in dem Sinn, daß sich Menschen in bestimmten Bedingungen völlig verschieden verhalten, obwohl dieselben Sinn- und Wertzusammenhänge bei ihnen eruiert werden können. Die Freiheit der Person, die Vergebung, die Feindes- und die Nächstenliebe, die verschiedenen Bezugnahmen auf die Verbote des Tötens, des Ehebrechens, des Stehlens und so weiter — man kann sich nicht vorstellen, daß dies alles eines Tages nicht mehr da sein sollte. Jedenfalls wäre eine Gesellschaft ohne einen grundlegenden Integrationsmechanismus dieser Art undenkbar.

4. Religion gibt es nicht ohne Institutionalisierung von Religion. Diese kann natürlich ganz verschieden aussehen. Einmal kann sich Religion institutionalisieren in den Basisgruppen der Familien, der kleineren Gemeinschaften, oder auch der Kommunen, seien es nun Klöster oder seien es Kommunen modernster Erscheinungsformen. Andererseits aber institutionalisiert sich die Religion auch in größeren Organisationen: in Gemeinden, in Kirchen, in weltanschaulichen Gruppen wie der Humanistischen Union, in Sekten, Freikirchen und Großkirchen. Hierbei ist zu beachten, daß wichtige Züge an der Institutionalisierung von Religion als Kirche spezifisch zur biblischen Religion gehören und anderswo so nicht nachweisbar sind. Aber darüber kann jetzt nicht näher berichtet werden. Wichtig in unserem Zusammenhang ist aber, daß es Religion immer in irgendeiner Weise auch als organisierte Religion gibt, also nicht ohne Institution. Mag es in der reformatorischen Theologie bis in unsere Gegenwart hinein immer wieder Institutionsfeindschaft gegeben haben, und mag diese noch so sehr gerade theologisch und religiös motiviert sein — ohne jegliche Form von Institutionalisierung kommt keine Religion aus, wie übrigens keine geistige, politische oder kulturelle Bewegung.

5. Jede Religion hat ihre Bücher, ihre Leitfäden, ihre Kurzformeln, in denen man kurz und schlagwortartig zusammenfaßt, um was es einem geht. Heutzutage ist es modern geworden, solche Kurzformen zu diffamieren, als handle es sich bloß um Leerformeln, also um leere Hülsen, die man nach Belieben auswechseln könne. Daß daran vieles wahr ist, läßt sich schwer bestreiten. Andererseits kommt keine Gemeinschaft ohne derartige kurze Formeln aus. Diese Formeln haben die Funktion, ein Minimum an Gemeinsamkeit in der Verständigung herzustellen.

Selbstverständlich bedürfen sie zur gegebenen Zeit der Präzisierung, der Interpretation, der Weiterentwicklung — etwa durch die Theologie, wenn sie nicht zu bloßen Deklamationen, denen keine Wirklichkeit entspricht und bei denen sich niemand etwas denken kann, entarten sollen. Aber im ganzen gesehen, muß man sagen, daß die Religion ohne Kurzformeln und ohne Heilige Schriften nicht auskommen kann. Ob man nun an die Bibel oder an die Mao-Bibel denkt, an Glaubensbekenntnisse oder an ganz bestimmte moderne Aussagen wie Humanität, Mitmenschlichkeit usw. — immer handelt es sich strukturell um dasselbe.

6. Was man die liturgische Stabilisierung des Menschen nennen kann, ist ein weiterer wichtiger Sachverhalt, der sich bei einer empirisch-phänomenologischen Betrachtung der Religion ergibt. Gemeint ist damit der ganze strukturelle Zusammenhang von Prozessionen bis zu Demonstrationen, von gottesdienstlichen Formen bis zu Go-ins und Sit-ins, persönlichem Suchen nach „Trost und Kraft" bis hin zu der Geborgenheit, die ein Mensch in einer politischen oder weltanschaulichen Kleingruppe gewinnt. Heutzutage sind gewiß die Gottesdienste in einer bestimmten Krise. Es sieht so aus, als ob immer weniger Menschen in die Gottesdienste gingen. Man spricht davon, daß Gottesdienst eine auslaufende Kultform sei. Daran ist sicher vieles richtig. Nur darf man nicht meinen, dies sei gleichbedeutend mit einem Verschwinden von strukturell den Gottesdienst parallelen Erscheinungen, wie Demonstrationen, Prozessionen und Kleingruppen mit intensiver Nachfrage nach Geborgenheit und bestimmten Aktionen.

7. Was nun die Tradierung von Religion von einer Generation zur anderen betrifft, so wird in den vorbewußten Stadien der kindheitlichen Lebensphasen Religion vermittelt. Die signifikant anderen, zumeist die Eltern, leben ihre eigene Welt. Diese ist *eine* von den vielen Lebensmöglichkeiten, die es gibt. Diese *ihre* Welt übertragen sie den Kindern, die keine Chance haben eine *andere* Welt zu wählen, als die, die ihre Eltern leben. In der Welt, die die Eltern leben, herrscht eben das grundlegende Werte- und Bedeutungssystem der jeweiligen Kultur, variiert nach sozialer Schicht und anderen Variabeln. Religion ist auf jeden Fall zunächst etwas Vorgegebenes, das man sich nicht aussucht, in das man vielmehr hineingeboren wird und das einen grundlegend prägt, motiviert, einengt, jedenfalls eine grundlegende Prägung verleiht. Diese Übertragung findet freilich nicht nur in den Familien statt, sondern genau so gut auf der Spielstraße und später im Kindergarten und in der Schule. Klar ist heute, daß ein enger Zusammenhang zwischen Religion und Sozialisation besteht. Religion ist etwas, das man nicht wählt, an das man sich vielmehr gewöhnt. Das hat für die Bestimmung der Aufgabe des Religionsunterrichtes weittragende Konsequenzen, auf die ich hier nicht eingehen kann.

8. Endlich sei noch an die Gesetzmäßigkeit der religiösen Tradierung im allgemeinen gedacht: Diese Gesetzmäßigkeit besteht aus Kontinuität *und* Wandelbarkeit. Die Frage, wie denn Veränderung von religiösen Einstellungen möglich sei, muß jedenfalls davon ausgehen, daß eine sehr starke Resistenz gegenüber schnellen Wandlungen besteht, daß man aber auf der anderen Seite auch nicht fatalistisch an das ewige Weitergehen derselben religiösen Grundmuster glauben muß. Es sind

FRIEDRICH ENGELS

Religion als Überbau

Nun ist alle Religion nichts anderes als die phantastische Widerspiegelung, in den Köpfen der Menschen, derjenigen äußeren Mächte, die ihr alltägliches Dasein beherrschen, eine Widerspiegelung, in der die irdischen Mächte die Form von überirdischen annehmen. In den Anfängen der Geschichte sind es zumeist die Mächte der Natur, die diese Rückspiegelung erfahren und in der weiteren Entwicklung bei den verschiedenen Völkern die mannigfachsten und buntesten Personifikationen durchmachen. Dieser erste Prozeß ist wenigstens für die indoeuropäischen Völker durch die vergleichende Mythologie bis auf seinen Ursprung in den indischen Vedas zurückverfolgt und in seinem Fortgang bei Indern, Persern, Griechen, Römern, Germanen und, soweit das Material reicht, auch bei Kelten, Litauern und Slawen, im einzelnen nachgewiesen worden... Auf einer noch weiteren Entwicklungsstufe werden sämtliche natürlichen und gesellschaftlichen Attribute der vielen Götter auf einen allmächtigen Gott übertragen, der selbst wieder nur der Reflex des abstrakten Menschen ist. So entstand der Monotheismus... In dieser bequemen, handlichen und allem anpaßbaren Gestalt kann die Religion fortbestehn als unmittelbare, das heißt gefühlsmäßige Form des Verhaltens der Menschen zu den sie beherrschenden fremden, natürlichen und gesellschaftlichen Mächten, solange die Menschen unter der Herrschaft solcher Mächte stehn.

BERTOLT BRECHT

Religion als Trost des kleinen Mannes

Der kleine Mönch: Ich bin als Sohn von Bauern in der Campagna aufgewachsen. Es sind einfache Leute. Sie wissen alles über den Ölbaum, aber sonst recht wenig... Es geht ihnen nicht gut, aber selbst in ihrem Unglück liegt eine gewisse Ordnung verborgen... Es ist ihnen versichert worden, daß das Auge der Gottheit auf ihnen liegt, forschend, ja beinahe angstvoll, daß das ganze Welttheater um sie aufgebaut ist, damit sie, die Agierenden, in ihren großen oder kleinen Rollen sich bewähren können. Was würden meine Leute sagen, wenn sie von mir erführen, daß sie sich auf einem kleinen Steinklumpen befinden, der sich unaufhörlich drehend im leeren Raum um ein anderes Gestirn bewegt, einer unter sehr vielen, ein ziemlich unbedeutender. Wozu ist jetzt noch solche Geduld, solches Einverständnis in ihr Elend nötig oder gut? Wozu ist die Heilige Schrift noch gut, die alles erklärt und als notwendig begründet hat, den Schweiß, die Geduld, nicht nur Konversionen möglich, es gibt auf die Dauer auch Umerziehungen, Umakzentuierungen durch Gruppenprozesse, nur darf man sich keine Illusionen über die Geschwindigkeit machen, mit der religiöse Einstellungen und religiöse Überlieferungen im allgemeinen zum Erlöschen veranlaßt werden können.

FRIEDRICH ENGELS

Religion als Überbau

Nun ist alle Religion nichts anderes als die phantastische Widerspiegelung, in den Köpfen der Menschen, derjenigen äußeren Mächte, die ihr alltägliches Dasein beherrschen, eine Widerspiegelung, in der die irdischen Mächte die Form von überirdischen annehmen. In den Anfängen der Geschichte sind es zumeist die Mächte der Natur, die diese Rückspiegelung erfahren und in der weiteren Entwicklung bei den verschiedenen Völkern die mannigfachsten und buntesten Personifikationen durchmachen. Dieser erste Prozeß ist wenigstens für die indoeuropäischen Völker durch die vergleichende Mythologie bis auf seinen Ursprung in den indischen Vedas zurückverfolgt und in seinem Fortgang bei Indern, Persern, Griechen, Römern, Germanen und, soweit das Material reicht, auch bei Kelten, Litauern und Slawen, im einzelnen nachgewiesen worden... Auf einer noch weiteren Entwicklungsstufe werden sämtliche natürlichen und gesellschaftlichen Attribute der vielen Götter auf einen allmächtigen Gott übertragen, der selbst wieder nur der Reflex des abstrakten Menschen ist. So entstand der Monotheismus... In dieser bequemen, handlichen und allem anpaßbaren Gestalt kann die Religion fortbestehn als unmittelbare, das heißt gefühlsmäßige Form des Verhaltens der Menschen zu den sie beherrschenden fremden, natürlichen und gesellschaftlichen Mächten, solange die Menschen unter der Herrschaft solcher Mächte stehn.

BERTOLT BRECHT

Religion als Trost des kleinen Mannes

Der kleine Mönch: Ich bin als Sohn von Bauern in der Campagna aufgewachsen. Es sind einfache Leute. Sie wissen alles über den Ölbaum, aber sonst recht wenig... Es geht ihnen nicht gut, aber selbst in ihrem Unglück liegt eine gewisse Ordnung verborgen... Es ist ihnen versichert worden, daß das Auge der Gottheit auf ihnen liegt, forschend, ja beinahe angstvoll, daß das ganze Welttheater um sie aufgebaut ist, damit sie, die Agierenden, in ihren großen oder kleinen Rollen sich bewähren können. Was würden meine Leute sagen, wenn sie von mir erführen, daß sie sich auf einem kleinen Steinklumpen befinden, der sich unaufhörlich drehend im leeren Raum um ein anderes Gestirn bewegt, einer unter sehr vielen, ein ziemlich unbedeutender. Wozu ist jetzt noch solche Geduld, solches Einverständnis in ihr Elend nötig oder gut? Wozu ist die Heilige Schrift noch gut, die alles erklärt und als notwendig begründet hat, den Schweiß, die Geduld, den Hunger, die Unterwerfung, und die jetzt voll von Irrtümern befunden wird? Nein, ich sehe ihre Blicke scheu werden, ich sehe sie die Löffel auf die Herdplatte senken, ich sehe, wie sie sich verraten und betrogen fühlen. Es liegt also kein Auge auf uns, sagen sie. Wir müssen nach uns selber sehen, ungelehrt, alt und verbraucht, wie wir sind? Niemand hat uns eine Rolle zugedacht außer dieser irdischen, jämmerlichen auf einem winzigen Gestirn, das ganz unselbständig ist, um das sich nichts dreht? Kein Sinn liegt in unserem Elend, Hunger ist eben Nichtgegessenhaben, keine Kraftprobe; Anstrengung ist eben Sichbücken und Schleppen, kein Verdienst.

SIGMUND FREUD

Religion als Illusion

Wir fassen die psychische Genese der religiösen Vorstellungen ins Auge. Diese, die sich als Lehrsätze ausgeben, sind nicht Niederschläge der Erfahrung oder Endresultate des Denkens, es sind Illusionen, Erfüllungen der ältesten, stärksten, dringendsten Wünsche der Menschheit; das Geheimnis ihrer Stärke ist die Stärke dieser Wünsche. Wir wissen schon, der schreckende Eindruck der kindlichen Hilflosigkeit hat das Bedürfnis nach Schutz — Schutz durch Liebe — erweckt, dem der Vater abgeholfen hat, die Erkenntnis von der Fortdauer dieser Hilflosigkeit durchs ganze Leben hat das Festhalten an der Existenz eines — aber nun mächtigeren Vaters — verursacht. Durch das gütige Walten der göttlichen Vorsehung wird die Angst vor den Gefahren des Lebens beschwichtigt, die Einsetzung einer sittlichen Weltordnung versichert die Erfüllung der Gerechtigkeitsforderung, die innerhalb der menschlichen Kultur so oft unerfüllt geblieben ist, die Verlängerung der irdischen Existenz durch ein zukünftiges Leben stellt den örtlichen und zeitlichen Rahmen bei, in dem sich diese Wunscherfüllungen vollziehen sollen. Antworten auf Rätselfragen der menschlichen Wißbegierde, wie nach der Entstehung der Welt und der Beziehung zwischen Körperlichem und Seelischem werden unter den Voraussetzungen dieses Systems entwickelt; es bedeutet eine großartige Erleichterung für die Einzelpsyche, wenn die nie ganz überwundenen Konflikte der Kinderzeit aus dem Vaterkomplex ihr abgenommen und einer von allen angenommenen Lösung zugeführt werden.

Wenn ich sage, das alles sind Illusionen, muß ich die Bedeutung des Wortes abgrenzen. Eine Illusion ist nicht dasselbe wie ein Irrtum, sie ist auch nicht notwendig ein Irrtum. Die Meinung des Aristoteles, daß sich Ungeziefer aus Unrat entwickle, an der das unwissende Volk noch heute festhält, war ein Irrtum, ebenso die einer früheren ärztlichen Generation, daß die Tabes dorsalis die Folge von sexueller Ausschweifung sei. Es wäre mißbräuchlich, diese Irrtümer Illusionen zu heißen. Dagegen war es eine Illusion des Kolumbus, daß er einen neuen Seeweg nach Indien entdeckt habe. Der Anteil seines Wunsches an diesem Irrtum ist sehr deutlich. Als Illusion kann man die Behauptung gewisser Nationalisten bezeichnen, die Indogermanen seien die einzige kulturfähige Menschenrasse, oder den Glauben, den erst die Psychoanalyse zerstört hat, das Kind sei ein Wesen ohne Sexualität. Für die Illusion bleibt charakteristisch die Ableitung aus menschlichen Wünschen, sie nähert sich in dieser Hinsicht der psychiatrischen Wahnidee, aber sie scheidet sich, abgesehen von dem komplizierteren Aufbau der Wahnidee, auch von dieser. An der Wahnidee heben wir als wesentlich den Widerspruch gegen die Wirklichkeit hervor, die Illusion muß nicht notwendig falsch, d. h. unrealisierbar oder im Widerspruch mit der Realität sein. Ein Bürgermädchen kann sich z. B. die Illusion machen, daß ein Prinz kommen wird, um sie heimzuholen. Es ist möglich, einige Fälle dieser Art haben sich ereignet. Daß der Messias kommen und ein goldenes Zeitalter begründen wird, ist weit weniger wahrscheinlich; je nach der persönlichen Einstellung des Urteilenden wird er diesen Glauben als Illusion oder als Analogie einer Wahnidee klassifizieren. Beispiele von Illusionen, die sich bewahrheitet haben, sind sonst nicht leicht aufzufinden. Aber die Illusion der Alchimisten, alle Metalle in Gold verwandeln zu können, könnte eine solche sein. Der Wunsch, sehr viel Gold, soviel Gold als möglich zu haben, ist durch unsere heutige Einsicht in die Bedingungen des Reichtums sehr gedämpft, doch hält die Chemie eine Umwandlung der Metalle in Gold nicht mehr für unmöglich. Wir heißen also einen Glauben eine Illusion, wenn sich in seiner Motivierung die Wunscherfüllung vordrängt, und sehen dabei von seinem Verhältnis zur Wirklichkeit ab, ebenso wie die Illusion selbst auf ihre Beglaubigungen verzichtet.

Wenden wir uns nach dieser Orientierung wieder zu den religiösen Lehren, so dürfen wir wiederholend sagen: Sie sind sämtlich Illusionen, unbeweisbar, niemand darf gezwungen werden, sie für wahr zu halten, an sie zu glauben. Einige von ihnen sind so unwahrscheinlich, so sehr im Widerspruch zu allem, was wir mühselig über die Realität der Welt erfahren haben, daß man sie — mit entsprechender Berücksichtigung der psychologischen Unterschiede — den Wahnideen vergleichen kann. Über den Realitätswert der meisten von ihnen kann man nicht urteilen. So wie sie unbeweisbar sind, sind sie auch unwiderlegbar. Man weiß noch zu wenig, um ihnen kritisch näher zu rücken. Die Rätsel der Welt entschleiern sich unserer Forschung nur langsam, die Wissenschaft kann auf viele Fragen heute noch keine Antwort geben. Die wissenschaftliche Arbeit ist aber für uns der einzige Weg, der zur Kenntnis der Realität außer uns führen kann...

Sie sollen mich nicht für Ihre Kritik unzugänglich finden. Ich weiß, wie schwer es ist, Illusionen zu vermeiden; vielleicht sind auch die Hoffnungen, zu denen ich mich bekannt, illusorischer Natur. Aber einen Unterschied halte ich fest. Meine Illusionen — abgesehen davon, daß keine Strafe darauf steht, sie nicht zu teilen — sind nicht unkorrigierbar wie die religiösen, haben nicht den wahnhaften Charakter. Wenn die Erfahrung — nicht mir, sondern anderen nach mir, die ebenso denken — zeigen sollte, daß wir uns geirrt haben, so werden wir auf unsere Erwartungen verzichten. Nehmen Sie doch meinen Versuch für das, was er ist. Ein Psychologe, der sich nicht darüber täuscht, wie schwer es ist, sich in dieser Welt zurechtzufinden, bemüht sich, die Entwicklung der Menschheit nach dem bißchen Einsicht zu beurteilen, das er sich durch das Studium der seelischen Vorgänge beim Einzelmenschen während dessen Entwicklung vom Kind zum Erwachsenen erworben hat. Dabei drängt sich ihm die Auffassung auf, daß die Religion einer Kindheitsneurose vergleichbar sei, und er ist optimistisch genug anzunehmen, daß die Menschheit diese neurotische Phase überwinden wird, wie so viele Kinder ihre ähnliche Neurose auswachsen. Diese Einsichten aus der Individualpsychologie mögen ungenügend sein, die Übertragung auf das Menschengeschlecht nicht gerechtfertigt, der Optimismus unbegründet; ich gebe Ihnen alle diese Unsicherheiten zu. Aber man kann sich oft nicht abhalten zu sagen, was man meint, und entschuldigt sich damit, daß man es nicht für mehr ausgibt, als es wert ist.

HARTMUT v. HENTIG

Religion als Versuch der Bewältigung von Irrationalität

Hypothese: Wenn die Tätigkeiten und Denkformen der Menschen immer weiter rationalisiert werden und die Einübung in die Rationalität im Leben des einzelnen folglich immer weiter vorverlegt wird, dann besteht die Gefahr, daß irrationale Erlebnisse und Vorstellungen einzelner vorzeitig abgedrängt oder oberflächlich rationalisiert werden; sie bleiben unverarbeitet und machen dem Menschen später um so mehr zu schaffen, als es dann keine altersgemäßen Ausdrucksformen, keine „normalen" Verhaltensmuster, keine selbstverständliche Verständigungsmöglichkeit dafür gibt.

Erläuterung: Dieses Problem hat mit der Stelle zu tun, die in der bisherigen Welt für die Mehrzahl der Menschen die Religion eingenommen hat. Die Religion ist nicht selber irrational; wenn man es einmal unternimmt, von ihrem Selbstverständnis abzusehen — das mag unzulässig sein, ist aber möglich —, dann läßt sie sich vielmehr als ein Versuch betrachten, mit dem Irrationalen fertig zu werden, ohne es — wie es der rigorose Rationalismus tut — als nichtig beiseite zu schieben. Die dabei — neben diskursiver „Theologie" — verwendeten mythischen Erklärungen, symbolischen Darstellungsformen, rituellen Handlungen und auf Autorität gründenden Imperative haben eine besondere Affinität zur Erfahrungsweise des Kindes. Das Kind findet die Welt mit magischen — d. h. seine Kräfte und Erkenntnisse übersteigenden — Mächten durchwaltet und sucht nach deren Gesetz und Zusammenhang. In der biblischen Geschichte nimmt diese rätselhafte Welt nun die Form einer Erzählung an, die dem Kind einen eigenen Nachvollzug, eine ihm verläßlich scheinende Deutung der unverstandenen Verhältnisse erlaubt. Sie antwortet mit verständlichen Abfolgen und Gründen auf Fragen wie: Warum bin ich in der Welt und nicht nicht? Warum bin ich ich? Warum und durch was ist die Welt? Warum ist sie nicht gut? Warum hat das Recht so oft keine Macht? Was und wer ist böse — was und wer ist gut? Wo führt das alles hin? — Kann ich geliebt werden?

In der Antwort der biblischen Geschichte liegt Sinn, Beruhigung, Menschlichkeit.

Sie übernimmt — wozu Erwachsene von sich aus immer weniger Mut haben — Verantwortung dafür, daß die Welt so ist, wie sie ist. Sie entlastet das Kind von der Notwendigkeit, für ihren Sinn aufzukommen. Vor allem aber kann die biblische Geschichte schrittweise in Theologie — in eine rationale Kritik — überführt werden, wenn das Kind älter ist. Es muß nicht an einem Punkt mit der Kinderwelt gebrochen werden. Die Schöpfungsgeschichte, der Sündenfall, die Lehre und das Leben von Jesus halten nicht von Marx, Darwin, Nietzsche und Freud ab, sondern lenken zu ihnen hin.

JOACHIM MATTHES

Soziologische Theorien über Religion: Integration, Kompensation, Säkularisation

In der nachaufklärerischen Gesellschafts-Lehre sind im wesentlichen zwei Ansätze zur Erklärung des Zusammenhanges von Religion und Gesellschaft entwickelt worden, die (nach Fürstenberg) als „Integrationsthese" und „Kompensationsthese" charakterisiert werden können.
Die ... *Integrationsthese* sieht in der Religion eine gesellschaftlich integrierende Kraft und einen Faktor der Stabilisierung des sozialen Verhaltens, der vornehmlich in der Formulierung und Sanktionierung von Werten und Verhaltensnormen und in der Errichtung gemeinsamer Symbole wirksam wird. Die Entwicklung dieser These war im 19. Jahrhundert eng mit dem Aufschwung der vergleichenden ethnologisch-anthropologischen Forschung verbunden und gewann ihr Material am Beispiel nichtchristlicher, „primitiver" Kulturen. Die Übertragung dieses Konzepts auf spezifisch christlich geprägte Kulturen setzte in den dreißiger und vierziger Jahren des 20. Jahrhunderts ein ... und brachte, vor allem in den USA, aber auch in Westeuropa, eine breite kirchensoziologische Forschung in Gang, die sich weniger auf den Beitrag von christlicher Religion und Kirche zur gesellschaftlichen Integration als vielmehr auf die Analyse kirchlicher Gebilde als sozialer Systeme in verschiedenen westlichen Gesellschaften konzentrierte.
Die *Kompensationsthese*, die durchaus als ein die Integrationsthese ergänzender Ansatz gedacht werden kann, besagt, daß religiöse Vorstellungen und Handlungen die Funktion der Entlastung des Individuums von sozialen Konflikten haben, indem sie unbewältigt bleibende diesseitige Konflikte auf eine als jenseitig gedachte Ebene projizieren — ein Vorgang, der geschichtlich-gesellschaftlich (Marx) oder psychoanalytisch (Freud) interpretiert werden kann. Marx versteht die kompensatorische Funktion religiöser Vorstellungen als Ausdruck der Selbstentfremdung des Menschen in einem gesellschaftlichen System, in dem auch der Mensch zur Ware wird; die in dieser Gesellschaft Herrschenden brauchen das kompensatorische System der Religion zur Sicherung ihrer Herrschaft, aber auch für sich selbst, denn auch sie sind dem Prozeß der Entfremdung nicht entzogen. Der Gedanke vom instrumentellen Charakter der Religion im Dienste der Sicherung bestehender Herrschaftsverhältnisse, der Marx zu der unabdingbaren Kon-

sequenz der Beseitigung der Religion mit dem Akt der gesellschaftlichen Revolutionierung führt, war bereits in der französischen Aufklärung entwickelt worden...

Um die Jahrhundertwende wird dann jenes Interpretament formuliert, das seitdem die Diskussion um das Thema „Religion und Gesellschaft" bestimmt: die *Säkularisierungsthese*. In der Soziologie ist sie — bei sparsamem Gebrauch dieses Begriffes — von M. Weber ausgearbeitet worden. Ausgehend von einer historisch-soziologischen Untersuchung der konstitutiven Bedeutung der calvinistischen Ethik für das Entstehen des kapitalistischen Wirtschafts- und Gesellschafts-Systems, kommt M. Weber zu dem Ergebnis, daß die ursprünglich kirchlich-religiös verwurzelten Orientierungen und Verhaltensmuster des neuzeitlichen Gesellschafts-Systems mit dessen fortschreitender Entwicklung von ihrer religiösen Herkunft abgelöst und einerseits säkulares Allgemeingut, andererseits — als explizite Religion — partikularisiert werden. Die in der Endstufe des kapitalistischen Wirtschafts- und Gesellschafts-Systems noch auffindbaren Reste expliziter Religion sind mit den gesellschaftlichen Wirkungen, die sie einst hervorgebracht haben, nicht mehr vermittelt, und explizit religiöses Verhalten wird in der Gegenwart des emanzipierten Kapitalismus zu einem spezifischen, im wesentlichen auf sich selbst bezogenen Verhalten, das zwar noch begrenzte soziale Funktionen erfüllt, jedoch keine gesamt-gesellschaftliche Bedeutung mehr hat. Am Ende des Säkularisierungsprozesses wird die Soziologie der Religion zu einer Soziologie der Säkularisate (Rendtorff), zur Soziologie der als kirchlich faßbaren gesellschaftlichen Teilgebilde.

THOMAS LUCKMANN

Weltanschauung als Sinngefüge der Gesellschaftsordnung

Die allgemeine gesellschaftliche Grundform der Religion ist ursprünglich nichts anderes als das Sinngefüge der Gesellschaftsordnung, nämlich die innere Form der Weltanschauung einer Gesellschaft...

Der Begriff Weltanschauung bezeichnet die vom einzelnen erlebte (und zunächst wohl vor allem nacherlebte), also „subjektive" Seite der gesellschaftlich und vor allem sprachlich „objektiven" Kultur. Sie ist der Inbegriff des Selbstverständnisses des gesellschaftlichen Menschen in seiner Daseinswelt, in dem sich kognitive sowohl als normative Momente verschränken. Weltanschauung ist die sinntragende Konfiguration der Gesamtkultur. Sie hat eine hierarchische Struktur, die dem einzelnen als die „Logik" der Selbstverständlichkeiten erscheint, an denen er seine Handlungen orientiert, als der Zusammenhang, in dem er seine fallweisen (Wert-) Entscheidungen einfügt. Diese „Logik" ist zwingend, weil sie allgemein ist, das heißt weil sie das Gesamtbewußtsein des einzelnen durchdringt. Gehaltliche Einzelheiten der Weltanschauung könnten in Frage gestellt werden; in manchen historischen Perioden werden wohl weite Bereiche, soweit sie eine ideologische Form und Festigkeit haben, umgeworfen. Solange aber die Gesellschaftsstruktur wesentlich unverändert bleibt, auch wenn anscheinend radikale Veränderungen in bestimmten Institutionen vor sich gegangen sein mögen, bleibt die „Logik", also die innere Form der Weltanschauung, unerschüttert. Man braucht sich nicht nur an das Beispiel primitiver Gesellschaften zu halten, um anzunehmen, daß Veränderungen in der inneren Struktur der Weltanschauung nicht innerhalb von wenigen Generationen stattfinden.

Weltanschauung wohnt nicht einer einzelnen gesellschaftlichen Institution inne. Sie ist vor allem als die innere Form der Sprache gesellschaftlich objektiviert und durchdringt als solche die Denk- und Kommunikationsformen, die um einzelne Institutionen wachsen. Für den einzelnen bildet sie den Erfahrungshorizont, von dem aus sich der Sinn der Einzelerfahrungen herstellt. Sie hat historisch den Vorrang über den einzelnen, und der einzelne eignet sie sich an, indem er zur denkenden und handelnden Person wird. Das „Lernen" einzelner Ideen und Werte ist natürlich ein Teil dieses Vorgangs, aber das Wesentliche daran ist die Verinnerlichung der Weltanschauung zur Gesamtdaseinsauffassung, also die subjektive Strukturierung der Sinnkonfiguration, die in der Gesamtkultur vorliegt. Das ist zunächst nicht ein bewußter Vorgang, im gleichen Sinn, in dem das Lernen einzelner Ideen und Handlungs-„Rezepte" ein bewußter Vorgang ist. Vielmehr ist es eine Herausbildung des Denk- und Handlungsstils, der der Welt der Vorunterscheidungen und Vorentscheidungen zugrunde liegt, in die der einzelne hineingeboren wurde. Im täglichen Leben des einzelnen ist das Zwingende an der inneren Form der Weltanschauung erstens „innerlich", da es sich als die Struktur seiner Sozialbiographie verwirklicht und so sein gegenwärtiges Denken und Handeln bestimmt. Zweitens ist aber die innere Form der Weltanschauung auch „äußerlich" zwingend, als eine dem einzelnen übergeordnete gesellschaftliche Wirkungsmacht, die sich als Tradition, Institution und Sprache manifestiert. In der Weise von Mitmenschen und Kulturobjekten dringt sie in die jeweilige Situation des einzelnen.

Alles in allem, das gesellschaftlich bestimmende Charakteristikum der Religion ist in ihrer Funktion zu suchen, sinnstiftend auf die sich dadurch transzendierende Daseinsführung zu wirken. Dieser Funktion entspricht, strukturell, das hierarchische Gefüge, die innere Form der Weltanschauung einer Gesellschaft. Das ist die primäre und grundlegende Sozialform der Religion. Sie ist universell.

EUGEN LEMBERG

Ideologie als Antriebs- und Steuerungssystem der Gesellschaft

Damit ist der Weg frei für eine funktionale Analyse der Ideologien und ideologischen Systeme, nämlich zu der Untersuchung, wie bestimmte, als Ideologien klassifizierbare Denksysteme entstehen, sich entwickeln und wandeln, unter welchen Bedingungen das alles geschieht und welche gesellschaftlichen — und natürlich auch individuellen — Wirkungen sie ausüben. Voraussetzung oder Spielregel einer solchen Untersuchung müßte der Verzicht auf moralisierende Urteile über

Wahrheit oder Falschheit des Inhalts dieser Ideologien sein, Distanz und möglichste Objektivität und — als Voraussetzung der letzteren — ein möglichst breit angelegter Vergleich der verschiedensten hierher gehörigen Erscheinungen.
Von einem solchen methodischen Zugang aus wäre die Ideologie zu definieren als ein System von die Welt deutenden Vorstellungen — Ideen — und von daraus entwickelten Werten und Normen, das den einzelnen, gesellschaftliche Gruppen oder die menschliche Gesellschaft schlechthin veranlaßt und befähigt, zu handeln und also zu leben. Die Komplexität solcher Systeme verbietet ein Urteil, ob sie „wahr" oder „falsch" sind, da jedes von ihnen offenbar wahre und falsche Sätze enthält. Dafür scheint ihre gesellschaftliche Rolle oder Funktion nicht so sehr von ihrem größeren oder geringeren Wahrheitsgehalt abzuhängen, so daß eine Untersuchung dieser Funktion unter — vorläufiger — Aussetzung des Urteils über diesen Wahrheitsgehalt wohl möglich ist. Diese Funktion aber kann auch nicht auf die Rechtfertigung von Herrschaft beschränkt sein. Dafür hat die Menschheit zuviel an geistiger Schöpferkraft zur Deutung der Welt aufgewendet. Man muß die Ideologiekritik aus dieser Sackgasse herausführen. Die Funktion der ideologischen Systeme scheint vielmehr — zugleich mit der Sinndeutung der sonst unverständlichen Welt — im Antrieb und in der Steuerung der Gesellschaft zu bestehen, weshalb die Ideologie als ein Antriebs- und Steuerungssystem der menschlichen Gesellschaft zu definieren wäre...

LESZEK KOLAKOWSKI

Weltanschauung als Mittel zur Betäubung des reifen Bewußtseins

Die Mehrzahl der uns bekannten philosophischen Lehren und Weltanschauungen (nicht alle jedoch) sind Mittel zur Überwindung und Betäubung jenes reifen Bewußtseins, das unterirdisch in uns lebt, aber nur mühsam zu klarem Ausdruck gelangt. Die meisten Weltanschauungen sind Mittel, die dazu dienen, in der Welt ein solches Prinzip ausfindig zu machen, auf dessen Konto wir die Schulden unseres Lebens schreiben dürfen; dieses Prinzip kann ebensogut die Vorsehung wie ein so oder anders verstandenes Naturfaktum sein, ebensogut der Fortschritt der Menschheit wie eine Autorität, die Offenbarung ebensogut wie die Geschichte. Die meisten Weltanschauungen sind Ansammlungen von Instrumenten, die dazu dienen, sich der Eigeninitiative zu entledigen — sind Methoden zur unbegrenzten Verlängerung der Kindheit.
Deshalb bestimmen wir den Rationalismus in der allgemeinsten Version so, wie Kant die Aufklärung bestimmt hat: als „Ausgang des Menschen aus seiner selbstverschuldeten Unmündigkeit"...
Derjenige . . ., der auf Beweise verzichtet und die göttliche Existenz mit dem Bewußtsein der Irrationalität kraft des bewußtgemachten inneren Bedürfnisses anerkennt, der Gott also nicht im Bereich der Theorie, sondern als praktisches Postulat seines Gewissens oder als Wunschgegenstand akzeptiert, demonstriert sein

eigenes Gebrechen in einem anderen ideologischen Bereich; er verrät, daß er nicht fähig ist, die wirkliche Situation des Menschen in der Welt zu erkennen, daß er nicht imstande ist, seine Kindheit zu verlassen, und daß das Bedürfnis, die Rechnung für sein Leben jemand anderem zu präsentieren, in ihm stärker ist als das Bedürfnis, der Welt in unverfälschter Gestalt ins Auge zu sehen. Wir greifen also nicht die Feuerbachsche Kritik der Religion auf: behaupten nicht einfach, daß Gott dem Menschen sein Bestes nehme; wir behaupten, daß er ihm das nehme, was in ihm am schwersten zu ertragen ist: die Situation der unbedingten Verantwortung für sich selbst. Bei der Anerkennung Gottes ist nicht die Schwäche der Schlußweisen wesentlich — schließlich stellt die Religion für niemanden eine Prämie für vernunftgemäße Leistungen dar. Wesentlich ist vielmehr die freiwillige Verewigung, die freiwillige Petrifikation des eigenen infantilen Zustandes. Die authentische Negation Gottes (im Gegensatz zur euphorischen Negation des Pennäler-Atheismus) besitzt einen doppelten Sinn: Sie ist die Anerkennung der Überflüssigkeit einer Fürsorge, also die Ablehnung des Scheinlebens auf Kredit, der von einer Scheinwelt gewährt wird. Sie ist zugleich die Negation einer Macht, der gegenüber jede Auflehnung im vornherein total aussichtslos sein muß, stellt mithin auch die Affirmation der eigenen Befugnisse dar.

JÜRGEN HABERMAS

Legitimierungsversuche in traditionalen und säkularen Gesellschaften

„Traditionale Gesellschaft“ hat sich als Titel für alle die Gesellschaftssysteme eingebürgert, die im allgemeinen den Kriterien von Hochkulturen (civilizations) entsprechen. Diese repräsentieren eine bestimmte Stufe in der Entwicklungsgeschichte der Menschengattung. Sie unterscheiden sich von primitiveren Gesellschaftsformen: 1. durch den Tatbestand einer zentralisierten Herrschaftsgewalt (staatliche Organisation der Herrschaft gegenüber Stammesorganisation); 2. durch die Spaltung der Gesellschaft in sozioökonomische Klassen (Verteilung der sozialen Lasten und Entschädigungen auf die Individuen nach Klassenzugehörigkeit und nicht nach Kriterien von Verwandtschaftsbeziehungen); 3. durch die Tatsache, daß irgendein zentrales Weltbild (Mythos, Hochreligion) zum Zwecke einer wirksamen Legitimation der Herrschaft in Kraft ist...

Der Ausdruck „traditionale Gesellschaft“ bezieht sich auf den Umstand, daß der institutionelle Rahmen auf der fraglosen Legitimationsgrundlage von mythischen, religiösen oder metaphysischen Deutungen der Realität im ganzen — des Kosmos ebenso wie der Gesellschaft — ruht... Diese mythischen, religiösen und metaphysischen Weltbilder ... geben Antwort auf die zentralen Menschheitsprobleme des Zusammenlebens und der individuellen Lebensgeschichte. Ihre Themen sind Gerechtigkeit und Freiheit, Gewalt und Unterdrückung, Glück und Befriedigung, Elend und Tod. Ihre Kategorien sind Sieg und Niederlage, Liebe und Haß, Erlösung und Verdammnis...

Das, was Max Weber Säkularisierung nannte, hat ... drei Aspekte: Die traditionellen Weltbilder und Objektivationen verlieren (seit die kapitalistische Produktionsweise herrscht) 1. als Mythos, als öffentliche Religion, als eingewöhnter Ritus, als rechtfertigende Metaphysik, als fraglose Tradition ihre Macht und ihre Geltung. Sie werden statt dessen 2. in subjektive Glaubensmächte und Ethiken umgebildet, die die private Verbindlichkeit der modernen Wertorientierungen sichern („Protestantische Ethik"); und sie werden 3. zu Konstruktionen umgearbeitet, die beides zugleich leisten: eine Kritik der Überlieferung und eine Reorganisation des freigewordenen Materials der Überlieferung nach Prinzipien des formalen Rechtsverkehrs und des Äquivalententausches (Rationales Naturrecht). Die brüchig gewordenen Legitimationen werden durch neue ersetzt... Erst dadurch entstehen Ideologien im engeren Sinn: sie ersetzten die traditionellen Herrschaftslegitimationen, indem sie mit dem Anspruch der modernen Wissenschaft auftreten und sich aus Ideologiekritik rechtfertigen.

KLAUS REBLIN

Ist der christliche Glaube eine Ideologie?

Die Basis der gegenwärtigen Welt ist die Vernunft. Die „logische Grundform der Vernunft" aber ist nicht die Antwort, sondern die immer neu gestellte Frage, der Zweifel, der durch alle Ritzen dringt und jeden Gedanken, jeden Glauben, jedes Dogma einer unerbittlichen Prüfung unterzieht.

Es braucht kaum gesagt zu werden, daß Kirche und christlicher Glaube von der neuen Qualität, von dem neuen, durch die Autonomie der Vernunft gekennzeichneten Selbstverständnis unserer Zeit in besonderem Maße betroffen sind. Keiner Institution begegnet man heute mit einer solchen Reserve wie der Kirche, nirgendwo taucht der Begriff der „Ideologie" schneller auf als da, wo man über den christlichen Glauben diskutiert. Hier bietet unsere Zeit alles Mißtrauen auf, hier entfaltet sie alle Polemik, deren sie fähig ist.

Der Ideologieverdacht, den man gegen Kirche und Christentum hegt, ist sicher nicht unbegründet. Zu oft in der Geschichte standen sie auf der Seite der Herrschenden und der Despoten, statt Gottes Leid in der Welt zu teilen. Zu oft haben sie den Menschen vertröstet auf eine jenseitige Welt, ohne auch nur einen Finger zu krümmen, um das Diesseits auf ein menschliches Maß zurückzuführen. Ausweichen — das ewige Spiel, auch bei den Christen. Und zu oft haben sie den Glauben zu einem in sich geschlossenen, doktrinären System gemacht, dessen Bestreiten und Infragestellen sofortige Sanktionen nach sich zog — statt sich der Freiheit des Menschen verpflichtet zu wissen, der „herrlichen Freiheit der Kinder Gottes", wie der Apostel Paulus einmal formuliert.

Darum ist das im Ideologieverdacht methodisch werdende Mißtrauen gegenüber Kirche und Christentum durchaus angebracht. Nur der Ideologieverdacht als „Kritik falschen Bewußtseins" (so Karl Mannheim) kann der Kirche — wie jeder anderen Institution — und dem Christentum — wie jeder anderen Welt-

anschauung — zu einer kontinuierlichen Transformation ihrer selbst helfen, zu jenem ideologiefreien Selbstverständnis, das allein sie befähigen kann, wahrzunehmen, was ihnen aufgetragen ist: die Ermöglichung und die Garantie menschlicher Freiheit.
Die Konturen eines ideologiefreien Glaubens und einer den Realitäten unserer Welt gerecht werdenden Kirche will ich im folgenden umreißen, ausgehend von den drei Elementen, die zusammen den landläufigen Ideologiebegriff ausmachen.

Als „Ideologie" bezeichnen wir *erstens* eine Lehre oder eine Geisteshaltung, die — bewußt oder unbewußt — Wirklichkeit verdeckt oder verschleiert, die nicht wahrhaben will, was ist. Mag sein, daß der christliche Glaube häufig zur Sublimierung von Wirklichkeit herhalten mußte, daß man ihn immer wieder verstand in Analogie zu den Jenseits-Religionen. Es ist jedoch die Frage, ob das eine angemessene Interpretation christlichen Glaubens ist. Die Bibel kennt jedenfalls keinen „jenseitigen" Gott, der über allem thront, majestätisch und unbeweglich, zu dem der Mensch sich „aufschwingen" müßte. Umgekehrt: Gott setzt sich selbst in Bewegung, um sich seinerseits beim Menschen einzustellen. Er vermitttelt sich in die Geschichte hinein. Nicht der Himmel — unsere Erde ist sein Terrain.
Die Gestaltwerdung Gottes in einem Menschen niedrigsten gesellschaftlichen Ranges, sein Leben auf der Erde im Kreis ärmlicher Leute und unter dürftigsten alltäglichen Verhältnissen und seine nach menschlichen Begriffen schmachvolle Passion sprechen eine andere Sprache als die Jenseits-Religionen. Hier wird die Realität der Welt nicht verschleiert oder gar aufgehoben zugunsten einer anderen, jenseitigen. Der christliche Glaube steckt den Kopf nicht in den Sand himmlischer Dinge, sondern er bleibt der Erde treu. Die Begegnung zwischen Gott und Mensch ereignet sich in der Welt des Menschen, oder sie findet nicht statt.
Mit dem Ideologiebegriff belegen wir *zweitens* eine Lehre, die für sich ein absolut sicheres Wissen von dem, was ist und was sein soll, beansprucht, eine „Wahrheit ohne Fragezeichen" (Max Horkheimer). Das Christentum hat sich oft zu einem solchen Selbstverständnis verleiten lassen. Die Intoleranz und Brutalität, mit denen man es in den ersten Jahrhunderten seiner Geschichte verfolgte, hat es später selbst praktiziert gegenüber jenen, die sich seiner Lehre nicht beugen wollten.
Das in den Ketzerverfolgungen zum Ausdruck kommende Wahrheitsverständnis steht jedoch in diametralem Gegensatz zum Wahrheitsverständnis der Bibel. Wahrheit ist in der Bibel keineswegs ein starres, statisches und darum auch kein „absolutes", widerspruchsfreies, sondern ein höchst dynamisches, weil personales Phänomen, gebunden an die Person des Menschen Jesus von Nazareth.
Wer den christlichen Glauben als „absolute Wahrheit" versteht, hat ihn gründlich mißverstanden. Gott ist für die Bibel kein höchstes, unbezweifelbares Wesen, sondern er lebt in Relationen, er ist ein „Gott in der Relativität" (H. J. Schultz). Deswegen ist der Versuch, die christliche Wahrheit in Lehrsätzen und Bekenntnisschriften zu fixieren und den menschlichen Geist durch das rigorose Postulat eines „Glaubensgehorsams" darauf zu verpflichten, eine „in ihrer Sublimiertheit

ärgere Gotteslästerung als der bohrende Zweifel eines ketzerischen Denkers" (H. Flügel). Die Wahrheit des christlichen Glaubens, läßt sich nicht ein für allemal festlegen. Sie wird gesucht — und gefunden — im Dialog und sonst nirgendwo. Die christliche Wahrheit kann nicht zum Besitz werden, denn sie ist ein lebendiges Geschehen. Wahrheit „ist" nicht, sie geschieht.

Solche Überlegungen fordern eine Christenheit, die die Grenzen öffnet, die sie von anderen Weltanschauungen und Lebensverständnissen trennen. Sie fordern aber vor allem die Installation uneingeschränkten kritischen Denkens innerhalb der Christenheit selbst. Oder gilt für die Christen nicht, was Theodor Adorno in seinen Meditationen über Metaphysik sagt: daß „Denken, um wahr zu sein, auch gegen sich selbst denken müsse"?

Als „ideologisch" bezeichnen wir *drittens* solche Gesellschaften und gesellschaftlichen Gruppen, die einen einmal erreichten Status quo um jeden Preis erhalten wollen, auch wenn er den Erfordernissen der sich wandelnden Zeit schon lange nicht mehr gerecht wird und größere soziale Gerechtigkeit nach einer neuen Ordnung ruft.

Das Christentum hat sich häufig zur geistigen Untermauerung und zur ideologischen Überhöhung bestehender und am Ende doch vergehender, weil inhumaner Gesellschaftsordnungen und Herrschaftsverhältnisse hergegeben. Aber das Denken in der Kategorie „Status quo" steht in eklatantem Widerspruch zu der Mobilität des Gottes der Bibel, der, wie das Alte Testament erzählt, dem von den „Fleischtöpfen" Ägyptens in die Wüste aufbrechenden Volk Israel voranzieht als Wolke und Feuersäule.

Der Gott, an den die Christen glauben, ist — und das läßt sich nahezu an jeder Seite der Bibel zeigen — keineswegs ein Gott des Status quo, sondern ein „Exodus-Gott", der nicht in Tempeln, sondern in „Laubhütten" wohnt und der den Menschen ständig hinter sich herruft — zum Aufbruch an einen anderen Ort. Deswegen muß es den Christen mehr um die Veränderung als um die Erhaltung bestehender gesellschaftlicher Verhältnisse gehen.

Doch, um nicht mißverstanden zu werden: Gesellschaftsveränderung ist für die Christen kein absoluter, sondern ein relativer Begriff — relativ, bezogen auf die Forderung nach größerer Humanität, nach mehr sozialer Gerechtigkeit. Sie warten, wie es im Neuen Testament heißt, „auf einen neuen Himmel und eine neue Erde, in denen Gerechtigkeit wohnt".

Ist der christliche Glaube eine Ideologie? Ich meine, nein. Denn er nimmt die Wirklichkeit des Menschen ernst wie kaum eine andere Religion, er verkündet keine absolute Wahrheit, sondern sucht die Wahrheit im Dialog, und er glaubt an die Veränderbarkeit unserer Welt.

II. Das Funktionieren von Religion

1. Allgemeiner Aspekt

FRIEDRICH FÜRSTENBERG

Historischer Überblick über typische Kirchenformen im Christentum

Aus der allgemeinen Soziologie ist bekannt, daß jede Institution, also auch die Kirche — soweit sie sich als Institution erfassen läßt — drei soziale Wirkungsebenen hat, die sich teilweise überdecken, aber doch deutlich getrennt wahrnehmbar sind. Das ist zunächst die Ebene der direkten und mehr oder weniger spontanen personalen Kontakte zwischen Einzelindividuen und kleinen Gruppen (informelle Struktur). Eine zweite Ebene ist durch sekundäre, d. h. vorgeformte Kontakte gekennzeichnet, durch institutionalisierte Verhaltensweisen, die sich in festgefügten, sozial abgestuften Rollen äußern (formelle Struktur). Neben diese internen Strukturmerkmale tritt als externer Aspekt und dritte Wirkungsstufe die gesamtgesellschaftliche Ausstrahlung des in der Institution verbindlichen Wertsystems. Dies geschieht z. B. durch Verhaltensnormierung mittels Teilnahme an festgelegten Riten, durch die integrierende Kraft verbindlicher Symbole u. a.

Die soziale Prägekraft einer Institution ist nicht auf jeder der genannten Ebenen gleich stark und umfassend. Die Hauptakzente können sich auch im Verlauf der institutionellen Entwicklung verlagern und dadurch die Institution selbst verändern. Betrachten wir nun die Kirche, so können wir entsprechend der unterschiedlichen Betonung der verschiedenen Wirkungskreise — gekennzeichnet durch eine unterschiedliche Selbstinterpretation — drei Grundtypen unterscheiden:

1. Eine Kirchenform, in der die Primärkontakte ausschlaggebend sind wie z. B. in der urkirchlichen Gemeinde. Dieser Typ soll als Bruderschaftskirche bezeichnet werden. Er ist gekennzeichnet durch weitestgehende Selbständigkeit der einzelnen Gemeinden.

2. Eine Kirchenform, die über den sozialen Raum der Gemeinde hinaus eine organisatorische Grundstruktur besitzt: die Verbandskirche. Vorgeformte Verhaltensweisen (Riten, Kultus) sowie eine ausgeprägte Institutionalisierung des Lehramts garantieren den raumzeitlichen Zusammenhalt. Eine wichtige Differenzierung dieser Kirchenform kann nach dem mehr hierarchisch-autoritären oder mehr genossenschaftlichen Charakter der sozialen Bindungen vorgenommen werden.

3. Eine Kirchenform, die vor allem auf gesamtgesellschaftliche Wirksamkeit ausgerichtet ist. Dann tritt — meist auf der Basis einer festgefügten Organisation — eine enge Verbindung mit staatlichen Instanzen ein, die bis zur Etablierung einer Staatskirche reichen kann. Die kirchliche Beeinflussung der gesellschaftspolitischen

Willensbildung erstreckt sich meist nicht nur auf ethische Aspekte der Lebensführung, sondern auch auf allgemein soziale, wirtschaftliche und politische Probleme.
In der historischen Entwicklung des Christentums lassen sich alle drei Grundtypen in für sie charakteristischen Epochen nachweisen. Es wäre deshalb falsch, einen einzigen idealtypischen Begriff „Kirche" zu konstruieren, wie dies z. B. Honigsheim versucht, indem er unter Kirche ein Vergesellschaftungsgebilde versteht, das eine größtmögliche Zahl von Menschen umfaßt, auf sozialem Gebiet Konzessionen an die Umwelt macht und unter Leitung geschulter Theologen steht. In einer derartigen Definition hat die Dynamik des institutionellen Strukturwandels keinen Platz, die doch so wesentlich ist, um die Institution selbst soziologisch zu erfassen.

Die Übergänge von einem zum anderen Grundtyp der Kirchenform brachten häufig ernsteste Schwierigkeiten mit sich, in denen die Spannung zwischen den verschiedenen Wirkungsebenen der Institutionen sichtbaren Ausdruck fand.
Im Urchristentum wird die Kirche zunächst als wahres Gottesvolk (kleros) verstanden: Die Christen sind hier die Kirche, sie sind nicht in der Kirche. In der Jüngergemeinde und späteren Bruderschaft gab es nur wenige institutionelle Differenzierungen. Der Zusammenhalt wurde durch das Miteinander-leben und Miteinander-vollziehen des Kultus (Sakramente) in einer Gemeinde gewahrt. Scharf wurden alle Tendenzen zur weltlichen Anpassung bekämpft. Der enge Zusammenhalt, das Merkmal jeder Bruderschaftskirche, hat mit dazu beigetragen, daß sich das Urchristentum in einer feindlichen Welt nicht nur behaupten, sondern missionarisch ausdehnen konnte. Wesentliche Vorbedingungen hierzu schuf zweifellos eine desintegrierende Gesellschaft, in der der Verfall traditioneller, bis zur Sklaverei gehender Formen der persönlichen Abhängigkeit soziale Leerräume geschaffen hatte.
Allmählich trat eine organisatorische Festigung durch Ausprägung von Lehre (Dogma, Theologie), Kult (Gottesdienst) und Organisation (Kirchenverfassung) und zugleich eine institutionelle Differenzierung ein. Der I. Clemensbrief, die Apostellehre (Didaché), die Schriften des Polycarp und die Briefe des Ignatius bekunden diesen Wandel. Eine Trennlinie zwischen Klerus und Laien entstand, die ersten Ämter des Diakons, des Presbyters, sowie des Episcopus bildeten sich heraus. Gleichzeitig trat eine Fixierung und Systematisierung der Tradition ein. Für diesen in jeder Religion sichtbaren Prozeß der Primär-Institutionalisierung gibt es grundsätzlich zwei Lösungsmöglichkeiten, auf die Joachim Wach hingewiesen hat: eine organisatorische Minimallösung, die etwa dem Typ der Freikirche entspricht, und eine organisatorische Maximallösung, die zur Anstaltskirche führt. Durch die immer umfassender werdenden Gemeindeordnungen und mit der Hervorhebung des Amtsgedankens (z. B. durch Cyprian, den Bischof von Carthago) und der Funktion des Bischofs wandelte sich die Kirche zur Heilsanstalt mit ausgeprägter Rechtsautorität. Mit dieser Verlagerung des Schwergewichts auf die institutionelle Ebene der Wirksamkeit wurden erstmals organisierte Protestbewe-

gungen ausgelöst. Charakteristischerweise waren sie auf die Frage des Amtscharisma konzentriert (Donatisten). In diesen Bewegungen ging es hauptsächlich um die Erhaltung der Unmittelbarkeit der Urgemeinde und teilweise auch um den Einfluß messianischer Strömungen, die sich gegen Zurückdrängung des eschatologischen Elements wandten.

In der Folgezeit läßt sich bis auf den heutigen Tag immer wieder der Versuch nachweisen, diesen entscheidenden Schritt der Primär-Institutionalisierung rückgängig zu machen. Es ist bemerkenswert, daß aus diesem Versuch selbst wieder Institutionen herausgebildet worden sind, z. B. das abendländische Mönchtum.

Die von Konstantin eingeleitete Erhebung des Christentums zur Staatsreligion führte zu einer Fülle umfassender Aufgaben, die neue institutionelle Formen benötigten. Mehr und mehr trat die kleine Gemeinde als zentrale Institution in den Hintergrund. Die Assimilation heterogener Elemente in einer Universalkirche gelang nur durch straffe hierarchische Gliederung, rechtliche Sanktionen und eine weitgehende Ritualisierung des klerikal verwalteten Kultus. Eine zunehmende Zentralisierung, in der sich der Einfluß Roms geltend machte, und eine Stärkung der institutionellen Autorität waren damit verbunden.

Allmählich wurde die Kirche zum Integrationsinstrument der Gesellschaft, teilweise sogar zum Staatsersatz. Gleichzeitig wurde sie jedoch auch in politische Frontstellungen verstrickt, so daß seither Abfallsbewegungen und Sektenbildungen meist auch einen politischen Akzent tragen. Der Pluralismus der Kirchenformen wurde mit Mitteln staatlicher Macht unterdrückt. Augustin z. B. nahm staatliche Hilfe gegen Ketzer wie Donatisten u. a. in Anspruch.

Die starke Bindung an weltliche Institutionen gefährdete immer wieder die innere Struktur der Kirche. Asketische Forderungen von Sekten (z. B. der Katharer) zeigten den Leerraum auf, der nur durch eine Verchristlichung des Verhaltens zu füllen gewesen wäre, nicht durch eine Verstärkung der institutionellen Mittel. Andere Gegenbewegungen gegen die als „Verweltlichung“ erlebte Erfüllung der Institution mit profanen Nebenzwecken knüpften am Gedanken und an der organisatorischen Struktur der urchristlichen Bruderschaft an, wie z. B. die Franziskaner. Gegen die institutionellen Elemente des Kults und der Priesterhierarchie wandten sich z. B. Petrus Waldus und John Wycliff. Die Idee der sich staatlicher Machtmittel bedienenden Universalkirche führte schließlich mit der Bulle Unam Sanctam Bonifatius' VIII (1302) zum Versuch, Kirche und Welt unter der Suprematie des Papsttums zu verschmelzen. Dieser Wunsch löste jedoch entscheidende Gegenkräfte aus, die zugleich den sozialen Wandel der politischen Institutionen widerspiegeln. Die beginnende einzelstaatliche Strukturierung, auch innerhalb des Heiligen Römischen Reiches, begünstigte den Drang zur Nationalkirche, der schließlich wesentlich zur Reformation beigetragen hat.

Die Reformation brachte eine institutionelle Erneuerung der Kirche durch Besinnung auf die entscheidende Ebene des personalen Verhaltens, die von einer starken Individualisierung des Glaubens begleitet war. Zugleich konnten jedoch unter den damaligen gesellschaftlichen Verhältnissen die institutionellen Probleme auf den übergeordneten Ebenen nicht eindeutig gelöst werden. Die starken sozialen Bindungen blieben hier erhalten. So entstand eine große Spannung zwischen dem Glaubensindividualismus einerseits und der sozialen Bindung an die gesellschaftsbestimmenden Kräfte andererseits, die wesentlich die folgende Entwicklung bestimmt hat. Deutlich zeigt sich diese Kompromißlösung des institutionellen Problems darin, daß zwar die Universalkirche zur Landeskirche dezentralisiert wurde, zugleich aber das nachreformatorische landesherrliche Kirchenregiment wiederum zu einer engen Verflechtung zwischen Kirche und Staat führte. Das Territorialprinzip stellte praktisch die Staatskirche wieder her. Es ist bemerkenswert, daß die gescheiterten Versuche radikaler Richtungen, einen christlichen Staat zu errichten (wie die Täufer in Zwickau und Münster, die Puritaner in Neuengland, die Quäker später in Pennsylvanien), schließlich in der Freikirche eine neue Kirchenform erstehen ließen, die eine Mittelstellung zwischen dem Bruderschaftskirchenprinzip und der mit der Gesamtgesellschaft engstens verbundenen Staats- bzw. Volkskirche verwirklichte und damit die institutionelle Entwicklung späterer Jahrhunderte in wesentlichen Punkten bereits vorwegnahm.

Die Auswirkungen der Reformation auf die Gestaltung der Kirchenform sind — wie schon erwähnt — ein gutes Beispiel für deren Abhängigkeit von dem jeweiligen Stand der Gesellschaftsstruktur. Die Umwandlung des Feudalismus, die mit dem Zerfall des als Gottesstaat interpretierten Heiligen Römischen Reiches in rasch entstehende Nationalstaaten einherging, brachte die Möglichkeit differenzierterer Kirchenformen. Gleichzeitig wurde die Kirche als soziales Integrationsinstrument mehr und mehr durch die wirksame Idee des Nationalismus und den zentralistischen Staatsapparat als ihr Vollzugsinstrument ergänzt. Andererseits waren Staat und Gesellschaft noch so sehr verbunden, daß die Kirche notwendigerweise in engste Beziehung zum Staat treten mußte, wenn das Stadium der reinen Bruderschaftskirche überwunden werden sollte. Bezeichnenderweise konnten sich die Freikirchen nur auf kolonialem Boden oder in entlegenen Gebieten durchsetzen.

Der allmähliche Übergang vom Feudalismus zum Kapitalismus brachte eine zunehmende Aufgliederung der Gesellschaft, die Emanzipation bisher traditionell gebundener Gruppen und ihre soziale Mobilisierung. Diese von Traditionsverlust begleitete Tendenz zum Gruppenpluralismus führte dazu, daß die Kirche ihre zentrale gesellschaftliche Sonderstellung verlor. Wenn Staat und Gesellschaft nicht mehr miteinander identisch waren, galt das gleiche für Kirche und Gesellschaft. Die Gesellschaft konnte dann nicht mehr als corpus christianum verstanden werden. Es trat eine institutionelle Isolierung der Kirche ein, die noch durch den religiösen Individualismus (Pietisten), durch den Versuch, eine ecclesiola in ecclesia zu bilden, verstärkt wurde. Die enge Bindung der Kirche an die formale Staatsstruktur führte dazu, daß dessen Transformation auch die Kirchenstruktur erschütterte. Vom normsetzenden Staat, der das Allgemeinwohl repräsentierte, ging die Entwicklung zu einem Staat, der als Instrument des Interessenausgleichs in einer offenen, in sich heterogenen Gesellschaft fungierte. Immer mehr wurden Bereiche der sozialen Wirklichkeit aus dem bisher herrschenden Wertsystem ausgeklammert und ihnen eine spezifische Eigengesetzlichkeit zuerkannt. Damit sank auch die Möglichkeit der Kirche zu gesamtgesellschaftlicher Repräsentation. Es ist verhängnisvoll gewesen, daß die Kirche in dieser Zeit in ihrer inneren Struktur weiterhin der alten Gesellschaftsform verhaftet blieb. Die ständische Gliederung, die sich schon in der Sitzordnung in der Kirche zeigte, sowie die Beibehaltung des Honoratiorenprinzips bei Besetzung der Laienämter zeigen deutlich diese Tendenz. Auch die enge Bindung zwischen Krone und Altar mußte sich verhängnisvoll auswirken, weil hierdurch die neu entstehenden sozialen Kräfte von vornherein in eine Gegenposition zur Kirche gedrängt wurden.

Wenn auch schließlich die Staatskirche de jure verschwand (in Deutschland als Folge der Weimarer Reichsverfassung 1919), so blieb doch andererseits die dem Staat angeglichene Kirchenverfassung bestehen, die sich in ihrem öffentlich-rechtlichen Status, im Beamtenprinzip, im Prinzip der Steuererhebung usw. äußerte. Die Kirche behielt gewissermaßen den Status einer intermediären Gewalt bei. Gleichzeitig war die Zahl der Kirchenmitglieder noch so groß, daß lediglich von einem Wandel der Staatskirche zu einer Volkskirche gesprochen werden konnte. Verkannt wurde dabei, daß es sich angesichts des gesellschaftlichen Wertepluralismus hierbei nur um ein Übergangsphänomen, um ein Zerfallsprodukt der Staatskirche handeln konnte und daß sich in absehbarer Zeit die Frage nach der institutionellen Struktur mit um so größerer Dringlichkeit stellen mußte.

PETER L. BERGER

Die Plausibilitätsstruktur menschlicher Wirklichkeitsvorstellungen

Eine der fundamentalen Erkenntnisse der Wissenssoziologie ist, daß die Einsichtigkeit bzw. Plausibilität menschlicher Wirklichkeitsvorstellungen, dessen also, was Menschen für wirklich halten, davon abhängt, daß und wie diese Vorstellungen gesellschaftlich abgestützt und abgesichert sind. Einfacher ausgedrückt: Ursprünglich gewinnen wir unsere Weltvorstellung von anderen Menschen, und wenn sie uns plausibel ist — und bleibt —, so hauptsächlich deshalb weil andere an ihr festhalten und sie uns bestätigen. Es gibt ein paar Ausnahmen von dieser Regel — Vorstellungen oder besser Eindrücke, die direkt und spontan durch sinnliche Erfahrung gewonnen werden. Aber selbst diese lassen sich nur mit Hilfe gesellschaftlicher Vorgänge in sinnhafte Wirklichkeitsvorstellungen umsetzen und integrieren. Freilich können wir auch gegen den Strom des gesellschaftlichen Konsensus, der uns umspült, schwimmen. Wir setzen uns aber dadurch einem ungeheuren (in unserem Bewußtsein psychologisch manifesten) Druck aus, der uns treibt, unsere Auffassungen und Überzeugungen am Ende doch mit denen unserer Mitmenschen in Übereinstimmung zu bringen. Konversation — Unter-Haltung im wortwörtlichen Sinne — ist es, durch die wir unser Weltverständnis gewinnen und „bewahren". Daraus folgt, daß unser Weltverständnis auch von der Kontinuität und Konsistenz der Unterhaltung abhängig ist und sich verändert, sobald wir die Gesprächspartner wechseln.

Wir zappeln in den Netzen der Gesellschaft, und zwar gleich in mehreren. Wir sind selbst ein Stück Faden im Gewebe ihrer ständigen Unterhaltung. Und so ist denn auch unser Weltbild auf oft höchst komplizierte und antagonistische Weise mit dieser Unterhaltung verbunden. Sobald wir dabei an differenzierte und wohldurchdachte geistige Gebilde — wie z. B. die Theologie — rühren, stoßen wir sogleich auf wohlorganisierte und -erprobte Praktiken, deren Zweck es ist, Zweifel zu beschwichtigen und Brüche in unserem Weltbild zu verhindern. Man nennt solche Praktiken und Techniken heutzutage Therapie. Zusätzlich sind fast immer auch mehr oder weniger systematisierte Erklärungen, Rechtfertigungen und Stütztheorien für die jeweilige Weltanschauung zur Hand, die in der Soziologie Legitimierungen genannt werden.

Jede Gesellschaft, auch unsere eigene, regelt z. B. das Sexualleben ihrer Mitglieder. Manche sexuellen Praktiken sind erlaubt oder gar sanktioniert, andere sind verboten und werden verabscheut. Wenn alles gutgeht (d. h. im allgemeinen, wenn die Sozialisation des Individuums reibungslos verläuft), tun die Leute, was die Gesellschaft von ihnen erwartet, und gehen den tabuierten Möglichkeiten aus dem Wege. Die Männer begehren nur Frauen — und heiraten, wie es sich gehört. Sie denken erst gar nicht daran, daß sie auch mit Männern schlafen könnten. Aber nicht alles geht immer und allzeit so gut. Gelegentlich weicht eben doch mal einer vom geraden, schmalen Pfad der Tugend ab. Dafür kann die Gesellschaft ihn bestrafen, indem sie die Mechanismen in Gang setzt, die Soziologen „soziale Kontrollen" nennen. Die Gesellschaft kann aber auch versuchen, dem verlorenen Schäflein zu „helfen". Irgendeine therapeutische Instanz, ein „Hilfswerk" z. B., zeigt ihm seine Irrtümer und weist ihm den Weg, auf dem es zurück zur Herde findet. Unserer eigenen Gesellschaft steht z. B. ein weitverzweigtes Netz von Psychotherapeuten, Beratern und Fürsorgern für solche Fälle zur Verfügung, die eben diese Funktion erfüllen. Aber sogar wenn alles glatt geht, stellen die Menschen nun einmal gelegentlich unbequeme Fragen. Sie wollen Erklärungen haben für das gesamte sittliche Soll, das die Gesellschaft ihnen auferlegt hat. Diese Erklärungen oder Legitimierungen stehen zur Verfügung und sollen den Frager davon überzeugen, daß, was man ihm zu tun vorschreibt, nicht nur weise, sondern auch das einzig Richtige und Heilsame für ihn ist. Viele Psychologen arbeiten mit dem Trick, das von der Gesellschaft geforderte Sexualverhalten mit „seelischer Gesundheit" gleichzusetzen. Wenn in einer Gesellschaft die entsprechenden therapeutischen und legitimatorischen Hilfsmittel stets zur Hand sind, erscheint es dem einzelnen, jedenfalls in der Regel, ganz einfach plausibel, zu heiraten und gegen Homosexualität zu sein. Wenn eine Gesellschaft „Normalität" jedoch anders versteht und ihren Mitgliedern dieses Verständnis als verbindlich auferlegt, so verhalten sie sich auch entsprechend anders. Die Plausibilität dieser oder jener Auffassung von dem, was „normal" ist, hängt, mit anderen Worten, von jeweils spezifischen gesellschaftlichen Umständen ab. Wenn wir nun alle die genannten Faktoren zusammennehmen — gesellschaftliche Definitionen der Wirklichkeit, gesellschaftliche Wechselbeziehungen, in denen diese Wirklichkeit als Gewißheit gilt, Stütztherapien und Legitimierungen —, so haben wir die komplette Plausibilitätsstruktur der jeweiligen Weltanschauung vor uns.

Jedes Weltbild, welchen Charakter oder Inhalt es auch haben mag, kann demnach aufgrund seiner Plausibilitätsstruktur analysiert werden, denn nur, wenn das Individuum sich an diese Plausibilitätsstruktur hält, bleibt ihm das entsprechende Weltbild auch plausibel. Die Kraft der Plausibilität, die von nicht in Frage gestellter Gewißheit über hohe Wahrscheinlichkeit bis zur bloßen „Meinung" reicht, steht in direktem Abhängigkeitsverhältnis zur Kraft der jeweiligen Stützstruktur. Diese Dynamik ist unabhängig davon, ob die mit ihrer Hilfe zustande gekommenen Auffassungen sich, an den Gültigkeitskriterien irgendwelcher Betrachter von außen gemessen, als richtig oder falsch darstellen. In ganz besonderem Maße bedient sich jede religiöse Lehre von der Welt dieser Dynamik, weil sie sich ihrem Wesen nach nicht auf sinnliche Erfahrung gründen kann und daher besonders auf gesellschaftliche Stützung angewiesen ist.

Die Wissenssoziologie kann die konstitutiven Elemente jeder Plausibilitätsstruktur einzeln unter die Lupe nehmen — den Menschentypus, der sie „bewohnt", das Netz der Unter-Haltung, mit dessen Hilfe die „Bewohner" sich ihre jeweilige Wirklichkeit „bewahren", die therapeutischen Praktiken und Riten und die mit ihnen zusammengehenden Legitimierungen. Wenn sich z. B. ein Katholik seinen Glauben erhalten will, so muß er mit der Plausibilitätsstruktur des Katholizismus in Verbindung bleiben. Er braucht andere Katholiken um sich herum, eine Gemeinde, die seinen Glauben ständig absichert. Am besten ist es, wenn die Menschen, die ihm am meisten bedeuten — gemeint sind die „signifikanten anderen" (nach George Herbert Mead) —, auch katholisch sind und zur stützenden Gemeinde gehören. Belanglos ist, welches Gebetbuch der Zahnarzt hat. Aber Frau und Freunde sollten katholisch sein. In dieser Stützgemeinde ist eine ständige Unter-Haltung im Gange, die explizit und implizit eine katholische Sinnwelt aufrechterhält. Explizit geht es um Lehre, Bekenntnis, Nachvollzug katholischer Wirklichkeitsauffassung. Aber in einer katholischen Gemeinschaft gibt es auch einen impliziten Katholizismus. Schließlich sind stumme Gewißheiten für das Alltagsleben ebenso wichtig wie ständig mit vielen Worten artikulierte „Wahrheiten". Die eigentlichen Grundvorstellungen von der Welt sind in der Tat implizite Gewißheiten, sie sind so „selbstverständlich", daß es gar nicht nötig ist, sie in Worte zu fassen. Man kann das Bewegungsfeld unseres Katholiken also ein spezifisch katholisches Unter-Haltungs-Gebilde nennen, das ihm Tag für Tag die katholische Welt, die er mit seinen „signifikanten anderen" bewohnt, unzählige Male und auf die verschiedenste Weise bestätigt. Wenn alle Mechanismen richtig funktionieren, ist ihm sein Katholizismus so „natürlich" wie seine Haarfarbe oder sein „Glaube" an die Gravitationsgesetze. Er ist in dem beneidenswerten Besitz einer anima naturaliter christiana, einer Seele, die „von Natur aus" christlich ist.

Eine solche Bruchlosigkeit der Plausibilitätsstruktur ist jedoch unwahrscheinlich. Deshalb hat die Stützgemeinschaft (in diesem Falle die katholische Kirche) Vorsorge getroffen, um ihm mittels besonderer Riten, Legitimierungen und Praktiken den Glauben auch außerhalb der Grenzen eines homogen katholischen Milieus zu erhalten. Da gibt es ein ganzes Ensemble frommer Übungen, von den Sakramenten bis zum Trost im stillen Gebet. Weiter ist ein spezifischer Wissensvorrat vorhanden (im Falle des Katholizismus besonders reich und differenziert), der für jede Einzelheit des Glaubens und Lebens im Glauben die Erklärung und Rechtfertigung bereithält. Auch ein ganzer Stab erfahrener Experten steht zur Verfügung, der das Individuum in die therapeutische und legitimatorische Zange nimmt. Im einzelnen kann das sehr verschieden vor sich gehen. So ist es z. B. etwas anderes, ob die katholische Plausibilitätsstruktur (bei einer katholischen Majorität) der allgemeinen Erlebnisgrundlage des Katholiken mehr oder weniger angeglichen ist oder ob, in der Diaspora, eine Enklave von Abweichlern, also eine kognitive Minderheit, durch die katholische Plausibilitätsstruktur gestützt werden muß. So oder so, für die Erhaltung des Glaubens sind letzten Endes immer die oben beschriebenen Prozesse ausschlaggebend, aus denen sich die stützende Plausibilitätsstruktur ergibt.

LESZEK KOLAKOWSKI

Anpassung der Ideologien an jeweilige Bedürfnisse

Die Ideologie ist im Gegensatz zur Wissenschaft im modernen Sinne des Wortes den Tagesaufgaben der einzelnen sozialen Gruppen, Parteien oder Klassen nicht nur, was den Bereich der Probleme anbelangt, sondern auch inhaltlich untergeordnet. Sie muß daher veränderlich und biegsam sein, damit sie sich den jeweiligen Bedürfnissen anpassen kann... Sie ist notgedrungen dunkel und zweideutig, denn sie muß, um die Kraft des Glaubens aufrechtzuerhalten, die allgemeinen Formeln so unveränderlich wie möglich belassen und gleichzeitig, wenn sie Erfolg im Alltag haben will, unaufhörlich ihren Sinn ändern und den Aufgaben des Augenblicks anpassen.
Jedoch kann die relative Beständigkeit der Ideologie nur dann aufrechterhalten werden, wenn die Interpretation ihres Inhalts in der institutionell bestätigten Form monopolisiert ist, d. h. wenn es eine Priesterklasse gibt, die allein dazu berufen ist, den richtigen Inhalt der Ideologie darzulegen: Nur dann sind Orthodoxie und Treue zur Doktrin möglich, die zu den typischen Kategorien des ideologischen Denkens gehören...
Zur Ideologie gehört die moralische und politische Wertung, also eine Tätigkeit, ohne die das Leben unmöglich wäre. Die Losung von einer völligen Befreiung von der Ideologie ist eine naive Fiktion, und diejenigen, die sich einbilden, daß es ihnen gelungen ist, sich von ihr zu lösen, werden zu Opfern einer Mystifikation, die selbst einen ideologischen Charakter hat. Um nämlich die Abschaffung der Ideologie zu fordern, muß man sie vorher bewerten, und das ist ein ideologischer Akt. Jedoch scheint die Losung von einer „Enttotalisierung" der Ideologie durchaus nicht hoffnungslos zu sein...

Die Ideologien wirken, selbst wenn sie mit rein geistigen Mitteln operieren, nicht durch rationale Gründe, sondern mit Schlagworten, mit Appellen an Gefühle, an Autoritäten, an Traditionen, mit Wünschen, Vorurteilen, Legenden und Ressentiments. Die Existenz des sozialen Bewußtseins unterliegt ideologischen Gesetzen, und die Meinung, daß es anders sein könnte, das heißt, daß die Verwirklichung einer Herrschaft des Geistes möglich sei, unter der sich die Verwandlung des sozialen Bewußtseins im kristallklaren Himmel logischer Gründe vollziehen würde, ist eine Phantasie. Dieser Traum ist nicht schädlich, im Gegenteil, er kann nützlich sein, wenn er zum Kampf für die Verbreitung des Rationalismus im sozialen Leben beiträgt, aber er wird zu einem gefährlichen Mythos, wenn man zu verkünden beginnt, daß das Imperium des Geistes schon Gestalt angenommen habe, daß der reine Verstand den Thron des irdischen Königreiches bestiegen habe und den Staat regiere. Dann nämlich wird die „wissenschaftliche Ideologie" auf allen Lebensgebieten zum absoluten Diktator.

2. Aspekt der Sozialisation

FRIEDHELM NEIDHART

Sozialisation, Enkulturation und Gewissensbildung

Der Grundvorgang der Erziehung wird in der Soziologie mit dem Begriff der Sozialisation erfaßt. Unter Sozialisation versteht man allgemein den Prozeß, durch welchen vor allem den Kindern und Jugendlichen die in einer Gesellschaft herrschenden Werte, Normen und Techniken des Lebens vermittelt und verbindlich gemacht werden. Das allgemein erwünschte Sozialisationsziel besteht darin, den einzelnen im Rahmen der kulturellen, sozialen und materiellen Bedingungen seiner eigenen Gesellschaft lebens- und funktionstüchtig zu machen. Was das im einzelnen bedeutet und voraussetzt, kann von Gesellschaft zu Gesellschaft sehr unterschiedlich sein. Jede Gesellschaft besitzt ein idealisiertes Menschenbild, von dem her Technik und Zielsetzung der Sozialisation spezifisch bestimmt werden...
Das Objekt der sich mit dem Sozialisationsprozeß um Konformität bemühenden Gesellschaft soll zum Subjekt und Entscheidungsträger derselben Gesellschaft erzogen werden. Von daher erhält die Erziehung heute „eine dialektische Funktion": „Sie muß in die Gesellschaft einfügen und gegen sie immunisieren, wo diese zwingen will, Stereotypen des Denkens und Handelns zu folgen statt kritischer Einsicht." [Mitscherlich] . . .

Die Beziehungen zwischen Mutter und Kind bewirken im Vorgang der Soziabilisierung nicht allein den Aufbau von Aufmerksamkeit und Vertrauen im Kind, sie beinhalten auch schon eine ständige Vermittlung von Werten und Normen, eine Kulturübertragung, die mit dem Begriff der Enkulturation bezeichnet wird.

Schon die Art, wie die Mutter mit dem Kind spricht, wie sie bestimmte Bewegungen und Laute des Kindes belohnt, andere bestraft, wie sie den Nahrungsrhythmus und die Reinlichkeitsgewöhnung durchsetzt — alle Verhaltensweisen der Mutter vermitteln dem Kind vage Vorstellungen von dem, was sein und was nicht sein soll. Zunehmend greift auch der Vater in den Prozeß ein. Kultur wird übertragen, ihre Werte werden dem Kind anerzogen, Vorstellungen von Gut und Böse langsam eingeübt und schließlich vom Kind mit der Bildung eines Gewissens, eines „Über-Ichs" im Sinne S. Freuds, übernommen. In diesem Prozeß der Gewissensbildung werden fortwährend Teile der elterlichen Außenkontrolle verinnerlicht. Sie machen sich als Instanz im Kinde selbst geltend, wobei Triebwünsche und Vitalbedürfnisse (das „Es" im Sinne S. Freuds) zunehmend von innen her kommandiert und unterdrückt werden. Sie wachsen gewissermaßen in die sich bildende Persönlichkeitsstruktur des Kindes ein, und sie behalten zumeist lebenslang eine starke normative Kraft. „Die Tiefenschichten des Charakters und der Persönlichkeit werden in dieser frühesten Entwicklung vom 1. bis zum 4. Lebensjahr in dem kleinsten Kreis der Familie begründet." . . .

Angesichts des sozialen Wandels, an dem die Familie nicht direkt teilnimmt, ergibt sich für die elterliche Enkulturationsaufgabe erstens das Problem des „cultural-lag". Es besteht die Tendenz, daß Eltern ihre Kinder auf Werte und Normen hin erziehen, die von der gesellschaftlichen Entwicklung schon überholt sind. Ein „konservativer" Effekt elterlicher Erziehung wird um so problematischer, je stärker sich in der elterlichen Generation ein sozialer Wandel vollzogen hat. Je weniger die Eltern mit ihren in der eigenen Kindheit gebildeten Wertorientierungen diesem Wandel gefolgt sind, um so größer ist der cultural-lag, den sie ihren Kindern anerziehen. Einen cultural-lag stellt es in einer gerade demokratisierten Gesellschaft z. B. dar, wenn nicht wenige Eltern die Erziehung zur Selbständigkeit und zur Individualität vernachlässigen und statt dessen die „autoritären" Prinzipien von Gehorsam und Artigkeit als primäre Erziehungsziele überbetonen.

Erscheinungen dieser Art gehen zweitens darauf zurück, daß moderne Familien den unmittelbaren Kontakt zu wichtigen Leistungsbereichen und zur Öffentlichkeit verloren haben. Bringt dieser Vorgang auf der einen Seite insofern günstige Bedingungen für die Soziabilisierung des Kindes mit sich, als in ihm Aufmerksamkeit und Gefühl der Mutter zugunsten des Kindes befreit werden, so bewirkt er andererseits Gefahren der „Überemotionalisierung". Es kommt durch Einkapselung im intimen Milieu der Familie zu einer Unterentwicklung „öffentlicher Tugenden", politischer Interessen und demokratischer Moral sowie zu einer einseitigen Betonung „privatistischer" Werte, wie „Innerlichkeit", „Direktheit", „Gemeinschaftlichkeit" etc.

LASZLO A. VASCOVICS

Kirchlich-religiöse Werte als Inhalte der Sozialisation

Unsere Hypothese lautet daher: Nicht nur die allgemeinen, kulturellen Wertsysteme, die nach einer gewissen zeitlichen Kontinuität streben, sondern auch die spezifisch kirchlich-religiösen Werte, Normen und Symbole müssen als *Inhalte* der Sozialisation ständig die Bahnen des Sozialisationsprozesse „passieren". Genauso wie die allgemeinen kulturellen Wertsysteme, Normen, Symbole und die allgemeinen wertorientierten Verhaltensformen müssen auch die spezifisch kirchlich-religiösen durch die verschiedenen Sozialisationsträger der Gesellschaft an das Individuum vermittelt, im Laufe des Sozialisationsprozesses erlernt und internalisiert werden. Ohne Übermittlung der einer Religion zugrunde liegenden Werte, Normen und Symbole durch die „Agenten" der Sozialisation — seien es Individuen, Gruppen oder Institutionen — wird der Fortbestand dieser bestehenden Religion in Frage gestellt...

Eine institutionalisierte Religion (Kirche) kann auf zwei Grundmechanismen nicht verzichten, nämlich auf die Sozialisation und die soziale Kontrolle, durch welche die junge Generation in die vorhandene Struktur eingeführt wird, aber auch das rollengerechte Verhalten der Erwachsenen gesichert wird. Alle institutionalisierten Religionen sind bestrebt, schon an das Kind gewisse Werte in Form von Normen und Verhaltensvorschriften heranzutragen. Das Kind soll relativ früh einige Grundkategorien der Religion wie „böse" und „gut", religiös (moralisch, sittlich) „erlaubt" und „nicht erlaubt", das kirchlich-religiös „richtige" und „falsche" Verhalten erlernen und handhaben. Es muß lernen, daß es als Katholik „anders" ist als ein Anders- oder Nichtgläubiger, es muß lernen, wie „man" sich als Katholik, als Protestant oder Jude zu verhalten hat. Taufe, Erstkommunion, Firmung etc. sind sichtbare institutionalisierte Marksteine dieses kirchlichen Sozialisationsprozesses.

KONRAD KORTH

Der Kinderglaube

Die Einbettung in den Glauben der Christenheit geschieht durch die Taufe. Was dem Kinde in der Taufe zugeeignet wird, kann man nicht beschreiben, sondern nur mit einem Worte benennen, eben mit dem Worte „Glaube". Das ist das Geheimnis der Taufe. Das Ereignis dieses Schenkens spielt sich zwischen Gott und dem Täufling ab. Alle an der Taufhandlung beteiligten Personen sind nichts anderes als „Gottes Mitarbeiter" (1. Kor 3,9).

Man kann die Kindertaufe nicht dadurch abtun, daß man sie als „sinnlos" erklärt, weil dem Kinde ein bewußtes psychisches Erlebnis fehle. Was wissen wir, welche Geheimnisse sich zwischen Gott und dem Täufling abspielen? Wir, die wir eben durch die tiefenpsychologische Forschung staunend zu ahnen lernen,

welche heimlichen und für das Leben entscheidenden Dinge sich im ersten Lebensjahr zwischen Eltern und Kind abspielen. Augustin erzählt in seinen „Bekenntnissen“ von einem Freunde, den man in Erwartung seines Todes ohne sein Wissen im Zustand von Fieberdelirien getauft hat. Als dieser dann doch wieder zu klarem Bewußtsein kam, spottete der junge Augustin über die Taufe, die jener „ganz ohne Bewußtsein und Wahrnehmung“ empfangen habe. Da habe, so erzählt Augustin weiter, den Freund ein Schauer vor ihm erfaßt, und er habe sich „mit erstaunlichem jähem Freimut“ ein „solches Gerede“ verbeten. Der Freund sah die in Bewußtlosigkeit empfangene Taufe als eine gültige Gabe Gottes an und ebenso der ältere Augustin, der die „Bekenntnisse“ schrieb.
Wenn wir auch nicht beschreiben können, was Gott dem Kinde in der Taufe zueignet, so können wir doch soviel sagen: Ein Teil dieser Zueignung ist die Einbettung in die Gemeinde und ihren Glauben. Davon müssen unsere Überlegungen über den Kinderglauben ausgehen. Gott handelt zwar mit uns geschichtlich, d. h. der Reihe nach, aber seine Gabe selber ist immer ganze Gabe und nicht Stückwerk. So ist der Glaube des Kindes ein ganzer Kinderglaube, nicht Stück eines Erwachsenenglaubens. Er ist anders als dieser, vor Gott aber nicht geringer. Er wird, wenn das Kind heranwächst, verwandelt, nicht aber vervollständigt. Darum gilt es nicht, seiner vermeintlichen Unvollständigkeit durch Anhäufung von Wissen aufzuhelfen, sondern seiner Andersartigkeit, eben seiner Kindlichkeit nachzuspüren. Pädagogisch ist zweierlei zu beachten: Weil der Kinderglaube ganzer Glaube ist, darum muß er erstens ganz ernst genommen werden und darum muß ihm zweitens die ganze Botschaft verkündigt werden.
Über die Gestalt des Kinderglaubens ist also zuerst zu sagen: Er ist total eingebettet in die Gemeinschaft mit den Eltern. Er ist von den Eltern auch dann nicht abtrennbar, wenn diese nicht im Glauben stehen und das Kind seinen Glauben in der Bindung an einen anderen Menschen hat. Durch den Glauben an Christus hebt Gott die Schöpfung nicht auf, und wie die irdische Existenz des Kindes total an die Eltern gebunden ist, so auch sein Glaube. Im Glauben der Eltern und Paten wird es zu eigenem Glauben getauft und lebt im Glauben der Eltern und Paten seinen Kinderglauben vor Gott, den Eltern und Paten ihm bezeugen. Dennoch ist es zugleich *sein* Glaube. Die Botschaft des ganzen Evangeliums, wie sie diesem zuteil wird, ist die Botschaft von dem dreieinigen Gott, von der die Eltern in ihrem Elternstand getroffen werden, so daß sie als Christen vor und mit dem Kinde leben. Das getaufte Kind gehört schon heute *ganz* zu dieser Glaubensgemeinschaft und steht nicht vor einer Tür, durch die es erst später eintreten dürfte.

WILFRIED PIOCH

Wie wir mit unseren Kindern beten

Wir nehmen unser Kind bei der Hand und üben mit ihm die ersten Schritte. Genauso müssen wir ihm auch Hilfe und Geleit beim Beten geben.

Aber wie?
Wir müssen, wenn wir Kinder beten lehren wollen, selbst immer mehr das eigene Beten lernen.
Worum geht es im Gebet?
Es geht um die Begegnung der ganzen Wirklichkeit unseres Lebens mit Gott, der Freude und der Sorge, der Hoffnung und der Angst.
Wer ist Gott?
Wir können nur mit unseren Kindern beten, indem wir immer wieder neu auf die Grundfragen unseres Glaubens eine Antwort suchen. Wir müssen unseren Glauben in die Gedankenwelt des Kindes übertragen...
Wann beginnen wir mit unseren Kindern zu beten?
Wir werden unser Kind vom ersten Tag seines Lebens an mit unserem Gebet umgeben. Wir werden, wenn wir das Kind ins Bett bringen, die Hände falten und für dieses Kind beten. Aus diesem Gebet der Mutter am Bett des Kindes erwächst das Kindergebet. Etwa um die Zeit des ersten Geburtstages merken wir, daß unser Kind auf das Gebet und das Abendlied an seinem Bettchen wartet. Es faltet mitunter schon die Hände, wie es das bei der Mutter gesehen hat.
Bald beginnt unser Kind zu sprechen. Nun wählen wir ein kurzes Gebet, das einmal das erste Gebet unseres Kindes werden soll. Wir sprechen es zunächst noch vor, später gemeinsam mit dem Kind, bis es schließlich sein Gebet allein sprechen kann.
Wir sollten nicht meinen, daß hier noch nicht von einem echten Gebet die Rede sein könne, weil das Kind sicher mehr die Geborgenheit bei der Mutter empfindet, als daß es selbst sein Gebet mit Glauben füllen kann.
Weil eine Mutter selbst in ihrem Glauben Geborgenheit findet, kann sie ihr Kind beim Beten an dieser Geborgenheit teilhaben lassen. So ist das Kind in seinem Gebet zunächst durch den Glauben der Mutter mit Gott verbunden.
Bald ist dann unser Kind auch so weit, daß wir mit ihm besprechen können, was wir tun, wenn wir beten, und mit wem wir sprechen. Wir erzählen zunächst, daß jede Blume und jedes Tier Aussehen und Gestalt von Gott bekamen, daß auch unser Leben begann, weil Gott es so wollte. Und daß Gott uns immer nahe ist, daß nur das, was er will, uns widerfahren kann.
Und nun können wir wie Könige vor unseren Kindern Schätze ausbreiten, indem wir all die biblischen Geschichten erzählen. Vielleicht beginnen wir gerade in der Weihnachtszeit damit. Die Bilder von der Krippe werden uns dabei helfen.
So beginnen wir, mit unseren Kindern das Jahr der Kirche zu erleben, die Passionszeit, die Osterzeit, Pfingsten.
Gerade beim Abendlied können wir die Zeit des Kirchenjahres berücksichtigen. Wir können die hier vorgeschlagenen Liedverse oder andere aus dem Gesangbuch mit unserem Kind singen oder nach dem Gebet miteinander sprechen.

Kindergebete

Müde bin ich, geh' zur Ruh,
Schließe beide Äuglein zu.
Vater, laß die Augen dein,
Über meinem Bettchen sein!

Hab ich Unrecht heut getan,
Sieh es, lieber Gott, nicht an!
Deine Gnad und Jesu Blut
Machen allen Schaden gut.

Kinderreaktion

Es war an einem sehr heißen Sommertag. Da ging der katholische Herr Pfarrer über Land, um einen Kranken zu besuchen. Da sah er am Ufer eines Teiches vier splitternackte Jungen herumspringen. Sie waren so etwa zwischen zehn und dreizehn Jahren alt. In heiligem Zorne rief Hochwürden: „Was? Schämt ihr großen Jungen euch nicht, so nackicht in der Gegend herumzulaufen?“ Alsbald hupften von den vier Jungen drei mit ängstlichem Blick in den Teich. Der vierte bleibt mit einem etwas verlegenen Lächeln stehen, wie der liebe Gott ihn erschaffen hat, und spricht kein Wort. Verblüfft fragt ihn der Pfarrer: „Ja, und du? Warum hupfst du nicht auch ins Wasser?“ Mit roten Ohren und etwas beklommen antwortet der Junge: „Seien Sie nicht böse, Hochwürden, aber ich bin evangelisch.“

Zur Konfirmation: „Mögen auch viele von euch heute zum letztenmal in einem Gotteshaus sein, so bleiben wir doch immerdar durch die Kirchensteuer innig verbunden."

Konfirmation

Nach der Predigt wendet sich der Pfarrer zu den Konfirmanden und spricht: Liebe Konfirmanden. Ihr seid auf den Namen des Dreieinigen Gottes getauft worden. Durch die heilige Taufe seid ihr errettet und in die Nachfolge Jesu Christi, eures Herrn, gerufen. Ihr seid nach dem Bekenntnis der evangelisch-lutherischen Kirche im Worte Gottes und im rechten Verständnis der Sakramente unterwiesen und habt vor der Gemeinde öffentlich Rechenschaft davon abgelegt. Ihr wißt, was der Herr euch geschenkt hat und was er von euch fordert. In Kraft eurer Taufe sollt ihr von nun an am heiligen Abendmahl teilhaben. So

tut nun, was eure Paten bei der Taufe an eurer Statt getan haben, und bekennt den christlichen Glauben.
Die Konfirmanden erheben sich
Pfarrer, zum Altar: Ich glaube an Gott den Vater ...
Pfarrer, zu den Konfirmanden:
Liebe Konfirmanden. Wollt ihr durch die Gnade Gottes in diesem Glauben bleiben und wachsen, so bezeuget dies vor Gott und dieser Gemeinde und sprechet: Ja, durch Gottes Gnade.
Konfirmanden gemeinsam: Ja, durch Gottes Gnade.
Pfarrer, zur Gemeinde: Liebe Gemeinde. Lasset uns für unsere Konfirmanden beten und Gott einmütig anrufen. ...
Pfarrer: Allmächtiger, barmherziger Gott, himmlischer Vater, der du allein alles Gute in uns anfängst und vollendest: wir bitten dich für diese Konfirmanden, (die du in der Taufe deiner Kirche geschenkt hast). Mehre in ihnen die Gaben des Heiligen Geistes, auf daß sie in deiner Kirche im wahren Glauben und im Gehorsam gegen dein heiliges Evangelium beständig beharren. Gib ihnen, daß sie in Christo, dem Haupt der Gemeinde, wachsen in aller Weisheit, Heiligkeit und Gerechtigkeit. Verleihe ihnen die rechte Erkenntnis, auf daß sie dich, den Vater, den Sohn und den Heiligen Geist, zu aller Zeit herzlich lieben und vor der Welt mit Worten und Werken rühmen und preisen. Durch Jesum Christum, unsern Herrn.
Gemeinde: Amen.

KARL-ERNST NIPKOW

Religionsunterricht als Eingliederung in die Gemeinde

Wenn in den herkömmlichen Religionslehrplänen die biblische Glaubensüberlieferung und die Lebenserfahrungen erst spät, am Ende vieler Jahre spiralförmiger Wissenskumulation biblischen und kirchengeschichtlichen Wissens ausdrücklich in Beziehung gesetzt werden sollen, drängt sich der Verdacht auf, daß die Konfrontation zwischen den Glaubenszeugnissen und der Lebenswelt des Kindes erst dann erfolgen soll, wenn der Jugendliche in einer behüteten Führung mit dem Glaubensgut der Kirche verwachsen ist. In dem angeführten hessischen Lehrplan wird das Kind schon von früh an als Christ angesprochen. „Kirchliches Leben und kirchliche Sitte sollen ins Bewußtsein der jungen Christen gelangen" (11, Einleitung zum Stoffplan des 4. Schuljahrs). Der Schüler soll sich „der Gliedschaft des evangelischen Christen in der Gemeinde und seiner sich daraus ergebenden Verpflichtungen bewußt werden" (28, Einleitung zum Stoffplan des 8. Schuljahrs). Der Ton liegt, wie man sieht, auf der Eingliederung in die Gemeinde. Der Heranwachsende soll bestimmten kirchlichen Rollenerwartungen entsprechen und ein gewünschtes kirchliches Rollenverhalten annehmen. Zu diesem, im Verhaltensbereich liegenden Ziel fügt sich das obengenannte, das im kognitiven Bereich liegt: die Aneignung eines möglichst sicher haftenden Wissensbestandes.

Die kognitiven und die auf das Verhalten abhebenden Prozesse sollen offensichtlich ineinandergreifen. Beide Male geht es dem Lehrplan um die Bereitschaft zu innerer und äußerer Einordnung. Der Sinn solcher Sozialisationsprozesse darf nicht grundsätzlich bestritten werden. Vorstellungen, Verhaltensweisen und Normen für das Verhalten, die selbstverständlich geworden sind, können den einzelnen vom ständigen Entscheidungsdruck entlasten und das Verhalten stabilisieren. Zu denken gibt jedoch, daß auf die Fähigkeit zu Rollendistanzierung und kritischer Auseinandersetzung gar kein oder kaum Wert gelegt wird. In dem genannten Lehrplan werden nicht ein einziges Mal — nicht durch ein einzelnes Wort, geschweige durch eine ausdrückliche Zielsetzung — Gedanken einer Erziehung zu kritischer religiöser Urteilsfähigkeit berührt. Die Worte „Kritik", „kritisch", oder ähnliche werden weder im theologisch-exegetischen, theologisch-systematischen, kirchenkundlichen noch im pädagogischen Zusammenhang gebraucht. An wichtigen Stellen wird dagegen die Wahrnehmung von „Gehorsam" und „Ungehorsam" der christlichen Gemeinde gegenüber Gottes Weisung als ein wesentliches Unterrichtsziel genannt. . . .

Aus den allgemeinen Richtlinien für den Unterricht an Gymnasien des Landes Niedersachsen (Erlaß vom 3. 11. 1965)

(I,8) Der junge Mensch soll aber auch erfahren, daß einer rationalen Selbst- und Welterkenntnis Grenzen gesetzt sind, daß sich die Existenz des Menschen ebenso wie das menschliche Miteinander in Gefahren und Widersprüchen bewähren muß, die sich der logischen Einsicht entziehen. Die Kräfte des Intellekts reichen für das Begreifen und Bestehen vieler persönlicher Lebensprobleme nicht aus. Die vertrauende Bindung an eine letzte, nicht verfügbare Kraft und Wahrheit gibt der christliche Glaube. In dieser Bindung, die zugleich Freiheit im Sinne des Evangeliums bedeutet, ist eine Voraussetzung zu umfassendem Handeln in der Welt begründet. Die Wirksamkeit christlicher Erziehung liegt darin, daß Lehrer in diesem lebendigen Vertrauen leben und tätig sind, selbst wo von den Gründen nicht unmittelbar die Rede ist.

Aus den Richtlinien für den Unterricht in Evangelischer Religionslehre (Evangelischer Unterweisung) an Gymnasien in Nordrhein-Westfalen

1.1 Grund und Inhalt der Evangelischen Unterweisung ist die Offenbarung Gottes in Jesus Christus, wie sie in den Schriften des Alten und Neuen Testamentes bezeugt und in den altkirchlichen und reformatorischen Bekenntnisschriften und der Theologischen Erklärung von Barmen bekannt wird. Es ist die Aufgabe Evangelischer Unterweisung, die Botschaft von Jesus Christus verstehen zu lehren. Dadurch wird den jungen Menschen auch der Weg gewiesen, als Glieder der Kirche in allen Gemeinschaften zu leben, in die sie in der Welt gestellt sind.

1.2 Die Evangelische Unterweisung ist Dienst der Gemeinde Jesu Christi an der heranwachsenden Jugend, zu dem die Gemeinde von ihrem Herrn beauftragt ist.
1.3 Der Lehrer ist zu dem Dienst der Evangelischen Unterweisung in der Schule durch die Kirche bevollmächtigt. Er kann seinen Auftrag nur erfüllen, wenn er im Leben der Kirche steht.
1.4 Die Evangelische Unterweisung leistet im Gefüge der Bildungs- und Erziehungsarbeit der Höheren Schule einen notwendigen Beitrag.
a) Ihre Lehrstoffe stellen einen wesentlichen Teil der Überlieferung dar, mit deren Inhalten sich alle Fächer der Höheren Schule beschäftigen.
b) Sie führt wie der Unterricht in allen Fächern der Höheren Schule propädeutisch in die wissenschaftlichen Arbeitsmethoden des Faches ein.
1.5 Durch die Botschaft, deren Auslegung den Inhalt der Evangelischen Unterweisung bildet, will Jesus Christus über Lehrer und Schüler seinen Herrschaftsanspruch in allen Lebensbereich geltend machen....

Heutige Zielbestimmungen des Religionsunterrichts

1. Der Religionsunterricht vollzieht Auslegung von Wirklichkeit in ihren religiösen Traditionen und Dimensionen. Diese Wirklichkeit soll in ihrer christlichen wie außerchristlichen Interpretation zur Sprache kommen. Der mir vor Augen stehende zukünftige Religionsunterricht müßte sich darum mit dem Ursprung und dem Weg des Christentums und seinen konfessionellen Ausprägungen ebenso beschäftigen wie mit den religiösen Erfahrungen und Institutionen außerhalb des christlichen Geschichtsraumes und schließlich mit jeder Suche nach letztem Sinn, wo sie uns in allgemein-menschlichen Zeugnissen verschiedener Zeiten begegnet... Ihm obliegt die sachliche, methodisch angelegte und stets kritisch kontrollierte Auseinandersetzung mit den christlichen und religiösen Überlieferungen der Menschheit, zumal unseres eigenen Geschichtsraumes. Der Schüler soll in ernsthafter Arbeit zum Verstehen dieser Überlieferungen angeleitet werden (Halbfas, „RU als ordentliches Lehrfach", 1968, in „Aufklärung und Widerstand", S. 53).
2. Der Religionsunterricht soll dem Schüler vermitteln:
— die Fähigkeit, Kriterien zu gewinnen für eine angemessene Beurteilung religiöser Vorstellungen und Institutionen;
— ein in der Auseinandersetzung (fragen und gefragt werden) mit der christlichen Tradition gründendes und artikulierbares Selbst- und Weltverständnis (Grundschule);
— die Fähigkeit zu einem differenzierteren Verständnis religiöser Sprache;
— die Fähigkeit, die eigene religiöse Vorstellungswelt als Verhaltensgrundlage bewußt zu machen, zu artikulieren und gegebenenfalls zu modifizieren (Oberstufe des Gymnasiums);
— die Fähigkeit, Konflikte mit Hilfe der Angebote der christlichen Botschaft zu lösen;
— die Fähigkeit, nach Sinn, Werten und Zukunftsentwürfen zu fragen. Diese Fragebereitschaft gilt es besonders in unserem Kulturklima zu wecken;

— die Fähigkeit, sich in einem sozialen Bezug der Gemeinschaft für Welt zu engagieren. (Dieses Engagement kann nicht mehr an der Schule selbst geschehen, aber die Schule muß darauf vorbereiten.)

(Vorschlag von Klaus Wegenast. Aus dem Protokoll der Sitzung des wissenschaftlichen Beirats des DKV vom 19./20. Februar 1971).

3. Evangelischer Religionsunterricht hat die Aufgabe, Erfahrung und Wirklichkeit im Horizont des christlichen Glaubens auszulegen und zu eröffnen (H. B. Kaufmann, Muß die Bibel im Mittelpunkt des Religionsunterrichts stehen? in: G. Otto/H. Stock, Schule und Kirche vor den Aufgaben der Erziehung, Hamburg 1968, S. 80).

4. Der URP (Unterricht in Religionskunde und Philosophie) ist ordentliches Pflichtfach an den Gymnasien. Aufgabe und Inhalt ergeben sich aus dem Auftrag der Schule, die Schüler mit Möglichkeiten zu konfrontieren, die Welt zu verstehen und verantwortlich in ihr zu leben. Dazu ist die Kenntnis der Kräfte, die die Gegenwart entscheidend geprägt haben, notwendig. Im Rahmen dieses Auftrages geht es dem URP um die Vergegenwärtigung der die menschliche Existenz bestimmenden religiösen und philosophischen Dimensionen, die im abendländischen Kulturkreis vor allem in der Form christlicher Überlieferung und der ihr widerstreitenden Weltanschauungsformen des 19. und 20. Jahrhunderts wirksam werden. Da die Möglichkeiten religiösen und philosophischen Existenz- und Weltverständnisses auch in anderen Erscheinungsformen begegnen, müssen ebenfalls Religionen und philosophisch-weltanschauliche Systeme anderer Kulturkreise, mit denen wir heute konfrontiert sind, Gegenstand des URP sein. Der URP darf den Schüler nicht auf eine bestimmte Religion oder Ideologie festlegen, sondern soll ihn zu einem eigenen Urteil befähigen ... (Workshop von Eltern, Schülern und Religionslehrern auf dem Koppelsberg bei Plön, Frühjahr 1969, in „zB", Sonderheft 1969, S. 18).

5. Im Religionsunterricht soll eine sachbezogene Darstellung des Glaubens erfolgen, die hinführen will zu einer existentiellen Auseinandersetzung mit den Grundlagen des Lebens in der heutigen Gesellschaft und Welt.

Da der christliche Glaube in der konkreten Kirche gelebt wird, muß der Religionsunterricht grundsätzlich auf konfessioneller Basis, also für die katholischen Schüler und Schülerinnen vom katholischen Religionslehrer, erteilt werden. Dieser muß den gläubigen Schülern helfen, tiefer in den Glauben einzudringen und den anderen die Begegnung mit der Botschaft Christi ermöglichen (Erklärung der Bischofskonferenz vom Herbst 1970).

6. Ein Religionsunterricht, der in der dargestellten, sachbezogenen Weise die Wirklichkeit erschließt und der sich so in den Auftrag der Schule einfügt, bietet dem Schüler die Möglichkeit, Kenntnis des katholischen Glaubens zu gewinnen. Er verhilft dem gläubigen Schüler dazu, seinen Glauben zu begründen und somit der Gefahr des religiösen Infantilismus oder der Gleichgültigkeit zu entgehen. Dem im Glauben angefochtenen und dem ungläubigen Schüler bietet er die Möglichkeit, die Antworten des Christentums auf seine Fragen kennenzulernen und sich mit ihnen auseinanderzusetzen. Im Religionsunterricht wird also den

Schülern deutlich, daß man die Welt im Glauben sehen und von daher seine Verantwortung in ihr begründen kann (Erklärung der deutschen Bischofskonferenz vom 4. März 1971).

7. Globalziel des Religionsunterrichts ist die Fähigkeit, die religiöse Frage in den jeweiligen Entscheidungs- und Konfliktsituationen zu stellen und in Auseinandersetzung mit vorgegebenen Antworten religiöser und weltanschaulicher Traditionen, vornehmlich der biblischen Botschaft, zu einer eigenen Antwort zu kommen (PTI Kassel, S. Vierzig, „informationen“, Heft 3 + 4/1970, u. ö).

8. Globalziel des Religionsunterrichts ist die Fähigkeit, die religiöse Frage, d. i. die für Individuum und Gesellschaft relevante Sinnfrage, in konkreten Entscheidungs- und Konfliktsituationen stellen zu können; und zwar in sachgemäßem Umgang mit den tradierten und gegenwärtig versuchten Antworten letzter Sinngebung (in Religionen, Philosophien, Weltanschauungen etc.) unter Einordnung in die allgemein schulische Aufgabe eines emanzipatorischen Unterrichts (Halbfas, „Lehrplanperspektiven des RU“, 1970, in „Aufklärung und Widerstand“, S. 109).

9. Ziel des RU ist es, die Fähigkeit zu vermitteln, auf der Basis einer vorgegebenen religiösen Tradition, die in selbstkritischem Bewußtsein als methodisch notwendiges Vorverständnis des Religiösen übernommen wird, in den jeweiligen Entscheidungs- und Konfliktsituationen des Lebens die religiöse Frage zu sehen und zu stellen (Ergebnis einer Arbeitstagung von Projektgruppen der APU München vom Februar 1970).

DIETHELM DAMM

Plädoyer für eine unchristliche Erziehung

Im Konfessionsunterricht der Schulen wird fortgesetzt, was christliches Elternhaus und der meist konfessionelle Kindergarten bereits begonnen haben. Die Legenden um Jesus und seine Anhänger werden zur unanfechtbaren Glaubenswahrheit stilisiert; die Denkhemmungen, die auf religiösem wie auf sexuellem Gebiet bereits in der relativ unbewußten vorödipalen Phase im Kinde verankert worden sind, werden in der Latenzperiode, in der sich an sich die ersten Ansätze des kritischen Denkens ausbilden, verfestigt. In den Dressurakten der kirchlichen Rituale werden die Kinder weiterhin gezwungen, unverständliche Normen zu internalisieren, von denen stets nur als von Dogmen gesprochen wird, deren Infragestellen, wie es kritischer Vernunft entspräche, Sakrileg bedeutet, das mehr oder minder hart geahndet wird...

Christliche Erziehung, das heißt Frageverbot, Tabubildung, Vernachlässigung kritischer Realitätsprüfung, Gefühls-Gehorsam, Setzen von Denkhemmungen und Erziehung zu Stereotypen des Denkens und Handelns, hat wesentlich dazu beigetragen, die barbarischen NS-Judenvernichtungen vorzubereiten und zu ermöglichen (F. Heer); christliche Erziehung hat jahrhundertelang den wissenschaftlichen Fortschritt entscheidend behindert, christliche Erziehung hat jahrhundertelang autoritäre Herrschaftsformen untermauert und die Emanzipation der Menschen gehemmt; christliche Erziehung erweist sich in allen Phasen der Kindheitsentwicklung als negativ und als allen demokratischen Erziehungszielen entgegengesetzt. Die früheren und heutigen autoritären Systeme in Deutschland bedurften und bedürfen solcher christlicher Erziehungspraktiken, die autoritätshörige Charaktere hervorbringt; der Entwicklung zu einer funktional-demokratischen Gesellschaft sind sie jedoch mehr als hinderlich. An die Stelle von Gefühls-Gehorsam und Schuldangst muß humane Erziehung zur Fähigkeit des Ungehorsams und der Autonomie treten. Eine funktional-demokratische Gesellschaft bedarf also als pädagogische Grundlage einer zutiefst unchristlichen Erziehung.

CARL AMERY

Das kleinbürgerliche Tugendsystem in Deutschland

„Der wesentliche Eindruck im 19. Jahrhundert ist doch das Motiv der *Anstalt,* des *Erziehungsinstituts,* der wohlbewachten Hürde, innerhalb deren der Gläubige durch Satzungen, Vorschriften, Rubriken, Anweisungen von sorglichen Wächtern bewacht und gelenkt wird; die Summe all dieser Satzungen, Vorschriften und Anweisungen ist für die meisten das christliche, das kirchliche Leben. Nicht *was* sie sind, nicht *daß* sie Kirche sind, erfüllt ihr Bewußtsein, sondern ob und wem und worin sie gehorchen. Jede Ablehnung einer untauglich gewordenen Konvention wäre der Bruch einer heiligen Tradition, jeder Aufbruch eines neuen Gemeinschaftswillens — auch wenn er ältestes Gut erneuert — eine Ecclesiola. . ."
Ein solches Kirchenbild entspricht natürlich der Entwicklung des deutschen Bürgertums im 19. Jahrhundert. . .
Das Schlüsselwort für das kleinbürgerliche Tugendsystem in Deutschland ist das Wort *Anstand.* Es ist unübersetzbar, genau wie *decency* oder *honnêteté,* und es ist (wenigstens heute) noch schillernder und schwieriger zu definieren als diese Schlüsselwörter auswärtiger oder vergangener Tugendsysteme. Was ist der deutsche Anstand? Reden wir zunächst davon, was er *war:* er war die Summe der Standestugenden, die für eine bürgerliche oder bäuerliche Existenz ausreichten. Sie umfaßten Dinge wie Ehrlichkeit, Arbeitsamkeit, Sauberkeit, Pünktlichkeit und Zuverlässigkeit im Dienst, Vertrauen gegen alle Exzesse und gegen alles Schillernde, Zweideutige, Ambivalente, sowie Gehorsam gegen die Obrigkeit. Unschwer ist zu erkennen, daß dieses System so gut wie keine christliche Primärtugend betont: weder Gläubigkeit noch Demut, weder Caritas noch asketische Kraftanstrengung werden in diesem System des Anstands groß geschrieben. Nun war der Stand des Christentums ja durch den Stand der öffentlichen Dinge garantiert (wenigstens scheinbar), und die christlichen Primärtugenden wurden sozusagen als selbstverständlich vorausgesetzt, als „Zustände" der Christenheit, die nicht der individuellen Anstrengung des Gläubigen bedürfen. Sicher: von einer bestimmten gesellschaftlichen Stufe ab wurde mehr erwartet. So war etwa die Wohltätigkeit mancher gutbürgerlicher Familien durchaus echt, und man wünschte sich, daß heute, in der zweiten Hälfte des 20. Jahrhunderts, etwas mehr

davon erhalten wäre, als tatsächlich zu finden ist. Aber an eine geplante soziale Anstrengung dachte „man“, d. h. das Milieu, nicht — ebensowenig an bewußte Arbeit an der „Gläubigkeit“, die ja durch die Vorschriften ein für allemal vorgegeben war. Wofür der katholische Christ selbst die Verantwortung trug, das war die kleine Welt seiner Standeswerte. Sie war der Prüfstein seiner „Anständigkeit“. Diese Anständigkeit war im Grunde nichts anderes als die Treue zu sich selbst, zu der Rolle, die man zu spielen hatte — und man sah sie bescheiden... Notieren wir noch einmal die Tugenden, die der Begriff Anstand umfaßt: Ehrlichkeit — Pünktlichkeit — Sauberkeit — Zuverlässigkeit im Dienst — Arbeitsamkeit. Es ist nicht schwer zu sehen, daß sie allesamt „Sekundärtugenden“ genannt werden können; Tugenden also, die keine Ziele in sich enthalten, sondern auf bestimmte Ziele zugeordnet werden müssen, um „positiv“ zu sein. Ich kann pünktlich zum Dienst im Pfarramt oder im Gestapokeller erscheinen; ich kann in Schriftsachen „Juden-Endlösung“ oder Sozialhilfe penibel sein; ich kann mir die Hände nach einem rechtschaffenen Arbeitstag im Kornfeld oder im KZ-Krematorium waschen.

HANS-BERNHARD KAUFMANN

Religiöse Erziehung und Ideologiekritik

Es ist im besonderen der religiöse Charakter der Erziehung, der dazu beiträgt, die heranwachsende Generation an die bestehenden Verhältnisse anzupassen, ihren eigenen Bedürfnissen und Interessen zu entfremden, anstatt sie auf Selbständigkeit und Mündigkeit hin freizugeben. *Die Kritik lautet: Religiöse Erziehung ist repressiv und affirmativ.*

Dahinter steht der nicht-aufgeklärte *Zusammenhang von Religion und Gesellschaft.* Religiöse Institutionen und Glaubensvorstellungen stützen ganz bestimmte soziale Strukturen und Interessen gesellschaftlicher Gruppen — bzw. in der Vergangenheit ist das der Fall gewesen, und die Auswirkungen sind einerseits an Rechtsnormen, Institutionen, Einstellungen usw. bis heute ablesbar, andererseits besteht ein Nachholbedarf an kritischer Selbstaufklärung und Neuorientierung. Zum Ausdruck kommt das einerseits durch eine neue intensive Hinwendung zur Religionssoziologie, die die Funktion von Religion und religiösen Institutionen in der Gesellschaft analytisch und theoretisch klären will, andererseits in der theologischen Kontroverse, ob und in welchem Ausmaß die Kirche sozialkritisch und gesellschaftskritisch handeln und sprechen soll....

Es ist im besonderen der religiöse Charakter der Erziehung, der die Offenheit, den Situationsbezug, den Wirklichkeitsgehalt, die Notwendigkeit zur Revision von Erfahrungen und Einsichten verhindert. *Die Kritik lautet: Religiöse Erziehung ist realitätsfremd.*

Dahinter steht die Frage nach dem *Wirklichkeitsverlust* und der *mangelnden Realitätskontrolle der Kirche und ihrer Verkündigung,* ja wohl der institutionalisierten und kodifizierten Religion überhaupt.

Systematisch ist damit *die Frage nach dem Existenz- und Weltbezug* religiöser Inhalte und religiösen Verhaltens, bzw. *der christlichen Wahrheit und Verkündigung* gestellt. Diese Frage dürfte ein Leitmotiv der neueren theologischen Diskussion sein....

Es ist der religiöse Charakter der Erziehung, der ein selbständiges kritisches Fragen und Denken, Suchen und Vergleichen verhindert. Denn die religiös-metaphysische Setzung letzter Gründe und Antworten, die nicht kritisiert und hinterfragt werden dürfen, verlangt die Einübung und Sozialisierung in ein Verhalten und in eine Mentalität, für die es nur einen apologetischen und instrumentellen Gebrauch der Vernunft im Rahmen der Rechtfertigung der eigenen Glaubenssetzungen und Glaubensüberzeugungen gibt. Der Wahrheitsanspruch anderer Überzeugungen und Gruppen wird von vornherein relativiert, noch nicht gefestigte Heranwachsende werden gegen alternative Anschauungen abgeschirmt und durch einseitige Information und emotionale Medien und Praktiken eingemeindet. Deutlich zu erkennen ist an den Rückzugsgefechten um die Konfessionsschule und den konfessionellen Religionsunterricht. *Die Kritik lautet: Religiöse Erziehung ist Indoktrination, verhindert kritische Rationalität und Dialogfähigkeit.* Dahinter steht die Kontroverse um das Verhältnis von Glauben und Denken; die ernste Frage, ob nicht der Wahrheitsanspruch des christlichen Glaubens der gebotenen Kommunikation mit kritischen Zeitgenossen und Andersdenkenden und der Kooperation zwischen Gruppen und Gesellschasten im Wege steht....

Die Religionskritik muß sich die Rückfrage gefallen lassen, wie sie die Phänomene und Lebenssituationen, die religiösen Ersahrungen und Gehalte, die Grundbegriffe und die Intention der Überlieferung positiv interpretiert. Es hat sich gezeigt, daß die Methoden der Destruktion und der Reduktion, mit deren Hilfe Religion in andere, scheinbar primäre Phänomene und Ursachen aufgelöst wird, zur Interpretation nicht ausreichen. Das neue Gespräch zwischen Neo-Marxisten und Christen, aber auch die Untersuchungen der Kulturanthropologie, der vergleichenden Religionswissenschaft und der Religionssoziologie zeigen, daß hier eine neue Fragestellung entdeckt worden ist, die nicht zuletzt für die religiöse Erziehung und für die Religionspädagogik folgenreich ist....

In unserem Zusammenhang greife ich diejenigen Fragen auf, die oben als Kritik formuliert worden sind: Religiöse Erziehung ist repressiv und affirmativ; religiöse Erziehung ist realitätsfremd; religiöse Erziehung ist Indoktrination.

Ich stelle demgegenüber die Behauptung auf, daß Religionspädagogik und christliche Erziehung aufgrund der befreienden und freisetzenden Kraft des christlichen Glaubens die Möglichkeit haben, *Selbsterfahrung, Sozialerfahrung und Welterfahrung zu eröffnen* und gegen eine politische oder pädagogische Ideologie *offenzuhalten.*

Die heute geforderte neue Interpretation des Evangeliums am Material der biblischen Überlieferung, im besonderen des historischen Jesus und bezogen auf eigene Wirklichkeitserfahrung, macht es m. E. möglich, *kritische Rationalität, Kommunikation und Mündigkeit als Intentionen des christlichen Glaubens zu erweisen und gegen die Gefährdung durch Systemzwänge, Konsumzwänge und Manipulation durchzuhalten.*

3. Aspekt der Institutionalisierung

HELMUT SCHELSKY

Die Funktion von Institutionen

Arnold Gehlen bietet in dem 1. Teil seines kürzlich erschienenen Buches „Urmensch und Spätkultur" (Bonn, 1956) eine Philosophie der Institutionen, die deren wesentlichste anthropologische Funktion darin sieht, daß der Mensch durch seine Institutionen in der Erfüllung seiner dauerhaftesten Bedürfnisse zu der Lebenssicherheit und Selbstverständlichkeit des Handelns gelangt, die beim Tier durch den Zwang des Instinktes verbürgt ist. In den Institutionen treten dem Menschen seine eigenen Zwecke verselbständigt und zu überpersönlichen Weltdaten und -kräften geworden gegenüber, so daß er, von ihnen geführt, in bezug auf die in ihnen verkörperten Ziele von der subjektiven und individuellen Handlungssteuerung und Bewußtheit der Motive und Mittel entlastet ist. Bei allem institutionellen Handeln ist also die letzte Rationalität und Zweckdienlichkeit aus der Motivebene des Handelnden verschwunden, sozusagen in die Institution selbst übergegangen und zur nicht mehr bewußten Selbstverständlichkeit ihrer Existenznotwendigkeit abgeblaßt; darauf beruht einerseits die Dauerhaftigkeit und Stabilität der Institution (und der in ihr verkörperten Zwecke), andererseits die Freistellung des bewußten Handelns zur Verfeinerung seiner Mittelhandlungen oder zur Entwicklung neuer Bedürfnisse und ihrer Erfüllungsweisen. Aber die funktionierende Institution entlastet den Menschen nicht nur von der Bewußtheit seiner Handlung, der Wahl seiner Motive und Mittel, sondern weitgehend vom Druck der betreffenden Bedürfnisse selbst. Dies geschieht dadurch, daß die Institution in ihrem Dasein die virtuelle Dauererfüllung der Bedürfnisse garantiert und damit diese entaktualisiert. Gehlen nennt diese chronische Dauererfüllung und Absättigung der in Institutionen untergebrachten menschlichen Bedürfnisse *„Hintergrundserfüllungen*, d. h. die Beibehaltung der Bedürfnisdeckungslage ohne akute Bedürfnisse". Diese Einsicht hat auch umgekehrt gelesen ihre Gültigkeit: nur Bedürfnisse, deren Erfüllung den Zustand virtueller Absättigung und Dauererfüllung erreicht hat, sind institutionsfähig und institutionsreif.

Gehlen weist nun selbst schon darauf hin, daß mit dieser Motiv-, Zweck- und Bedürfnisentlastung des Menschen in den Institutionen eine Affektentlastung und Trivialisierung der so gesicherten Bedürfnisse und Lebensinhalte vor sich geht (S. 38). Auf dieser Einsicht möchte ich hier insistieren: „Hintergrundserfüllung" von Bedürfnissen heißt eben auch, daß diese vor der Bewußtheit des Menschen den Charakter des Selbstverständlichen, Banalen und Inferioren annehmen, solange ihre Dauerbefriedigung nicht grundsätzlich in Frage gestellt ist. Hierin beruht der Ton des bloß Materiellen, aber Unvermeidlichen, des gemein Nützlichen und Notwendigen der Lebensgrundinteressen, in den alle Institutionen die durch sie verkörperten Bedürfnisse tauchen.

HANS ALBERT

Absichten und Auswirkungen des Dogmatismus

Zum sozialen Aspekt des Dogmatismus gehören vor allem institutionelle Vorkehrungen, die von Gruppen mit dogmatischen Überzeugungssystemen im Rahmen ihrer Möglichkeiten geschaffen werden, um ihre Mitglieder gegen den Einfluß abweichender Auffassungen und gefährlicher Ideen und Informationen zu immunisieren. Auch in sozialer Hinsicht hat die Dogmatisierung also eine Abschirmungsfunktion. Der *Zweck der Installierung von Dogmen* ist nicht so sehr die Lösung von Problemen der Erkenntnis oder der Moral als die *Zurückweisung* inadäquater, das heißt von den betreffenden Autoritäten *als gefährlich angesehener Lösungen*, die *Diffamierung von Alternativen.* Sie richtet sich gegen die freie Erwägung solcher alternativer Lösungen und soll der Fixierung der von diesen Autoritäten akzeptierten Problemlösungen und damit gleichzeitig der Existenzsicherung der mit dem betreffenden Glaubenssystem verbundenen Institutionen durch Ausschaltung von Andersgläubigen, also von Individuen, die sich den betreffenden Autoritäten nicht unterwerfen wollen, dienen. Der Glaube an die Adäquatheit bestimmter Problemlösungen wird damit zu einer rechtlich absicherbaren Verpflichtung erhoben.

Es bedarf kaum besonderer Betonung, daß institutionelle Strukturen und soziale Mechanismen solchen Chrakters nicht an ein spezielles Glaubenssystem gebunden sind, nicht einmal an theologische Konzeptionen im eigentlichen Sinne dieses Wortes. Auch säkulare Ideologien können bekanntlich Glaubenspflicht und Gehorsamsanspruch in dieser Weise institutionell verankern und ihre Glaubenssätze, beziehungsweise die jeweiligen Deutungszumutungen legitimierter Interpreten, durch Strategien der logischen, psychischen und sozialen Immunisierung vor jeder Kritik zu schützen suchen. Die dazu in Betracht kommenden Vorkehrungen reichen von der Erziehung von Kindern unter einseitiger Information, Abschirmung gegen alternative Anschauungen und dogmatischen Gesichtspunkten, ihrer Abschließung gegen Personen, die andere Gesichtspunkte verfechten oder gefährliche Ideen vermitteln könnten, bis zu in gleicher Richtung wirksamen Führungs- und Abschirmungspraktiken Erwachsenen gegenüber, etwa durch die glaubensmäßige „Gleichschaltung" aller für sie in Betracht kommenden intermediären Gruppen. Solche Praktiken lassen sich im allgemeinen nur durchführen, wenn eine Führungshierarchie vorhanden ist, die für die Entscheidung von Glaubensfragen und damit zusammenhängenden Problemen ein Monopol in Anspruch nehmen kann. Um solche Entscheidungen für die Mitglieder dieser Gruppen einwandsimmun zu machen, werden bekanntlich oft Inhaber bestimmter Positionen in einer solchen Hierarchie mit einem faktischen oder sogar selbst dogmatisch festgelegten Unfehlbarkeitsanspruch ausgestattet, der unter Umständen aus dem Inhalt des betreffenden Glaubenssystems legitimiert werden kann. Es versteht sich, daß sich ein solches Charisma, das mitunter rollenerblich gemacht wird, besonders gut mit einem Offenbarungsmodell der Erkenntnis verträgt, das den

Erkenntnisprozeß als eine passive Aufnahme von irgendwelchen aus sicherer Quelle stammenden und daher mit Wahrheitsgarantie versehenen Eingebungen deutet, für die die Träger bestimmter Rollen dann als speziell privilegiert gelten.

NORBERT GREINACHER

Die Notwendigkeit der Institution Kirche

Dabei ist es wichtig, daß der einzelne Christ versteht, daß es christlichen Glauben ohne Kirche und das heißt konkret ohne eine verfaßte Gemeinde nicht gibt, eine Gemeinde, die auf ihn angewiesen ist und auf die er selbst angewiesen ist. Hier gilt es einer Tendenz in der neueren Theologie und auch in der gesamten Gesellschaft entgegenzuwirken, die entweder das Christentum in einer allgemeinen Menschlichkeit aufgehen lassen will und die die profane Gesellschaft als die eigentliche Kirche betrachtet, oder einer Tendenz, die sich ganz allgemein gegen jegliche Institutionalisierung wendet. Sicher bedeutet eine solche Institutionalisierung einerseits immer eine gewisse Banalisierung, eine gewisse Vergewöhnlichung, die eine große Problematik in sich birgt. Andererseits kommt sowohl die profane Gesellschaft als auch das Christentum nicht ohne eine Institutionalisierung aus, wenn sie überleben will. In einem gewissen Sinne gewährt erst die Institution meine persönliche Freiheit und bietet mir die Grundlage für meinen personalen Glauben. Entgegen also einer gewissen institutionsfeindlichen Strömung ist klar zu sehen, daß gerade die christliche Botschaft von ihrer Wurzel her, das heißt nach dem Willen Jesu einer Verleiblichung, einer Konkretisierung in der Gemeinde bedarf, daß es Christentum ohne Kirche, ohne kirchliche Gemeinde nicht gibt.

HARVEY COX

Rituale als verleiblichte Phantasie

Das Ritual schafft Form und Anlaß für den Ausdruck der Phantasie. Durch rituelle Bewegung, Geste, Gesang und Tanz hält der Mensch Verbindung zu den Quellen der Kreativität. In der Entwicklung der Menschheit trat das Ritual zusammen mit dem Mythos in Erscheinung, und es entstammt auch denselben Ursprüngen. Im Ritual „spielen" die Menschen die Träume und Hoffnungen des Stammes. Das Ritual vermenschlicht den Raum, wie der Mythos die Zeit vermenschlicht.

Ritual ist soziale Phantasie. Es ist der Feier ähnlich und in mancher Hinsicht von ihr nicht zu trennen.

Das Ritual wird zur Ideologie, wenn es dazu dient, Kreativität abzuwürgen, Religion in festgefügte, allgemein anerkannte Formen zu pressen. Eine organisierte Religion in Zeiten des Niedergangs, eine Nation, die ängstlich auf Patriotismus und Gehorsam aus ist, einzelne im Gefühl, sich selbst aus der Hand zu verlieren — alle werden selbstbewußt und peinlich genau im Blick auf ihr rituelles Gut. Aufgezwungenes Ritual, von oben her empfangen, würgt die Spontaneität ab und versteinert den Geist...

Das Ritual wird dann zur Absonderlichkeit, wenn es nicht mehr von einer Gruppe geteilt wird oder mit keiner historischen Erfahrung mehr verbunden ist, wenn es zum Privatbesitz eines einzelnen oder eben einiger weniger wird. Zu allen Zeiten haben Menschen ihre tiefste Freude, ihre Ängste und Sehnsüchte in Handlungen, Ausrufen, Sprüngen, Gesten und gemessenem Schritt zum Ausdruck gebracht. Derartige Anfänge entwickeln sich erst viel später zu einem durchgeformten Ritual mit mythischer Sinngebung. Ehe allerdings eine Geste soziale Bedeutung gewinnt und von anderen nachempfunden oder anerkannt wird, bleibt sie etwas Untermenschliches. Das Ritual liefert einen Zusammenhang von Verbindungen, durch den Gefühle ausgedrückt werden können, ohne unterdrückt zu werden. Aus diesem Grund haben wir das Ritual als „soziale Phantasie" bezeichnet.

Da aber Riten zunächst mit Mythen und dann auch mit Lehren beladen sind, werden sie immer unbeweglicher. Gesten schwanken unter dem Gewicht all der Sinndeutungen, die wir ihnen aufladen....

Gegen die Erfindung von Zeremonien ist nichts einzuwenden. Alle Riten wurden einmal von irgend jemand erfunden. Will aber der Mensch sich selbst und anderen gegenüber seine tiefsten Empfindungen zum Ausdruck bringen, dann muß das Ritual eine soziale Dimension besitzen. Und wenn der Mensch in Verbindung bleiben soll mit dem, was andere in grauer Vorzeit empfunden haben, oder wenn er seine eigene Erfahrung der Zukunft weitergeben will, dann muß das Ritual auch über eine historische Dimension verfügen. Schließlich braucht der Mensch die Zeremonie sogar dazu, um vor sich selbst seinen tiefsten Empfindungen Ausdruck zu verleihen, wie er ja auch der Sprache bedarf, um mit sich selbst zu sprechen. Das Ritual bildet für die Bewegung das, was die Sprache für den Laut ist: es verwandelt das Ungeformte in das Ausdrückliche. Darum ist eine absonderliche Zeremonie letztlich frustrierend und steht sich selbst im Weg....

Wenn also Ideologie und Absonderlichkeit Perversionen des Rituals darstellen, was ist dann echtes Ritual? Eine Analogie aus dem Bereich der Sprachwissenschaften mag hier weiterhelfen. Die vergleichende Sprachforschung zeigt, daß eine Sprache in ihrem Wortschatz, in ihrer Grammatik, in ihrem Satzbau formale Strukturen für den Ausdruck liefert. Jede Sprache enthält in ihrer Struktur bestimmte eingeführte Voraussetzungen, aber keine Sprache „sagt" als solche etwas. Sie liefert dem Sprechenden, der die Sprache wirklich beherrscht, die Möglichkeit, alles zu sagen, was er will. So müssen wir paradoxerweise in einer Sprache reden, selbst wenn wir ihre Voraussetzungen kritisieren. Eine Sprache nötigt uns gleichzeitig eine Struktur auf und ermöglicht es uns, gegen diese Struktur zu Felde zu ziehen und sie zu kritisieren. Sogar James Joyce, der die Regeln der Grammatik schwer verletzte und mit Kühnheit neue Worte schuf, konnte das nur, indem er die Struktur der Sprache benützte, die er so meister-

haft beherrschte. Er mußte von der Voraussetzung ausgehen, daß seine Leser Englisch können, und wäre es nur, um seine sprachlichen Gewalttätigkeiten zu bemerken.
Ein befreiendes Ritual liefert die Formalstruktur, in der Freiheit und Phantasie sich tummeln und wenden können. Es bietet dem Menschen eine Reihe von Bewegungen durch die er Zugang zu einem ungeheuren Reichtum menschlicher Empfindungen erhält. Aber diese Empfindungen werden nun zum Material seiner eigenen Eskapaden der Kreativität. Die beste Analogie für ein befreiendes Ritual dürfte immer noch die Jazz-Combo oder das Dixieland-Orchester sein. Die Saitenstruktur und die rhythmischen Konventionen schaffen die Grundlage, von der aus sich spektakuläre Neuerfindungen und individuelle Einfälle ad libidum entwickeln können. Ohne eine solche Struktur würde die Musik zur Kakophonie entarten. Mit ihrer Hilfe können die einzelnen Spieler nicht nur musikalische Gipfel erreichen, sondern häufig reizen sie auch einander, ganz unvermutete Klangmöglichkeiten zu entdecken.
Das Ritual ist diejenige Form menschlichen Handelns, die die Phantasie nährt und sie gleichzeitig in Gesellschaft und Geschichte verleiblicht. Freilich bleibt eine Grundfrage offen. Welches der großen traditionellen Ritualien sollen wir als Milieu unserer Phantasie wählen? Ist ein Ritual so gut wie das andere? Worin liegt die besondere Bedeutung des Rituals, das mit dem Christentum verbunden ist?

TH. F. O'DEA

Die fünf Dilemmas der Institutionalisierung der Religion

Gestiftete Religionen beginnen in „charismatischen Momenten" und gehen dann, wie Max Weber sagt, weitgehend zur Routine über, indem sie entweder traditionsgebunden oder rationaljuristisch werden. Dieses Abgleiten in die Routine, ein unvermeidbarer sozialer Prozeß, ist ein Dilemma. Das Charismatische liegt in der „religiösen Erfahrung", die eine echte Überzeugung des einzelnen von der Existenz eines „heiligen" Jenseits und eine Aufnahmebereitschaft für dessen Botschaften voraussetzt, so daß sie in einem spezifischen Sinne zu einem ungewöhnlichen Erlebnis wird. Würde sie nicht in eine institutionelle Struktur eingebaut, so bliebe die religiöse Erfahrung nur ein flüchtiges Element. Ganz gleich, ob man sie als Reaktion auf etwas Natürliches betrachtet, wie es die Ungläubigen tun, oder als Reaktion auf etwas Transzendentes, sie übersteigt immer die Erfahrungen des alltäglichen Lebens.
Nach Durkheim liegt die Reaktion auf das Heilige am Gegenpol der Alltagswelt. Wir stoßen hier also auf ein Paradoxon: Die Institutionalisierung macht das Heilige ein wenig gewöhnlich. Diesem fundamentalen Paradoxon entspringen fünf Dilemmas. Mit anderen Worten: Die Religion braucht die Institutionalisierung, aber sie leidet auch darunter.

1. Das Dilemma der gemischten Motivation

In dem vor der Institutionalisierung liegenden Stadium einer religiösen Bewegung, wenn z. B. die Jünger sich um den Meister scharen, ist die Motivation der Gefolgsleute durch eine gewisse Eingleisigkeit charakterisiert. Die religiöse Bewegung befriedigt zwar auch komplexe Bedürfnisse der Anhänger, aber sie konzentriert sich mehr auf Werte und auf den charismatischen Führer. Wenn sie sich stabilisiert hat, entsteht eine Ämterstruktur — Status und Rollen —, aus der sich eine andere Art der Motivation ergeben kann, bei der folgende Faktoren mitspielen: das Bedürfnis nach Prestige, Entfaltung von Führereigenschaften, Machthunger, ästhetische Bedürfnisse und das Verlangen nach der Sicherheit einer geachteten Stellung in der Gesellschaft. Die egozentrische Motivation in der charismatischen Periode unseres Beispiels zeigt sich in der Besorgnis der Jünger Christi, wer von ihnen wohl der Höchste im Reiche Gottes sein werde, aber diese Besorgnis wird leicht überwunden von der selbstlosen Motivation der charismatischen Antwort.

Die Institutionalisierung gibt dem menschlichen Leben dadurch Stabilität, daß sie egoistische und selbstlose Motive mobilisiert. Aber diese Mobilisierung antithetischer Motive ist nicht nur ihre große Stärke, sondern paradoxerweise auch ihre Schwäche. . . .

2. Das symbolische Dilemma: Objektivierung gegen Entfremdung

Um den charismatischen Augenblick zu überdauern, muß der Gottesdienst in Formen und Ritualen stabilisiert werden. Der Teilnehmer paßt seinen inneren Zustand einer objektivierten Ordnung, dem Ritual, an. Der Gottesdienst wird zur objektiven Realität und auferlegt allen Gläubigen sein Schema.

Die Objektivierung ist eine offensichtliche Voraussetzung für die Gemeinsamkeit und die Tradition des Gottesdienstes; ohne die Objektivierung wäre das Gebet nur individuell. Die symbolischen Elemente des Gottesdienstes sind aber nicht nur Ausdrucksformen, sondern auch individuelle Reaktionen, was wiederum zu einem Dilemma führt. Die Objektivierung, die den Kultus zu einer echten Gemeinschaftshandlung werden läßt, kann soweit gehen, daß Elemente des Rituals Routine werden und keinen Gleichklang zwischen äußerem Symbolismus und innerem Zustand mehr erzeugen. . . .

3. Das Dilemma der Verwaltungsordnung: Gründlichkeit gegen Fähigkeit

Max Weber hat darauf hingewiesen, daß die charismatische Führung infolge des Übergangs zur Routine sich in einen Komplex von Ämtern verwandelt; die katholische Kirche bietet das Hauptbeispiel hierfür. Diese bürokratische Struktur schafft neue Ämter, sobald neue Probleme auftauchen. So kompliziert sie sich selbst; denn alsbald gibt es Kompetenzüberschneidungen und unklare Definitionen der Machtbefugnisse und Funktionen. Weber betont zwar, daß die rational-legalistische Bürokratie durchaus fähig sei, aber sie habe doch die Tendenz, immer komplizierter zu werden, so daß es ihr schließlich schwer fällt, überhaupt etwas zustande zu bringen. . . .

4. Das Dilemma der Begrenzung: Konkrete Definitionen gegen die Ersetzung des Geistes durch den Buchstaben

Um die Menschen wirksam zu beeinflussen, muß der Sinn einer religiösen Sendung in Formen gekleidet werden, die in einer Beziehung zum Alltagsleben stehen. Aber hier erweist sich vielleicht die prosaische Bedeutung des religiösen Ideals als sehr begrenzt. Faßt man z. B. ethische Erkenntnisse in einem Kodex von Regeln zusammen, so wird die ursprüngliche Heilsbotschaft in bestimmte Grenzen verwiesen. Und wie schon der heilige Paulus sagte: Der Buchstabe tötet, aber der Geist macht lebendig. Doch bleibt die Tatsache, daß der ethischen Erkenntnis eine gewisse institutionalisierte Konkretisierung gegeben werden muß, weil sie sonst das Begriffsvermögen des einfachen Menschen übersteigen würde. Allerdings kann dabei das hohe Ethos der Botschaft zur kleinlichen Befolgung von Regeln erniedrigt werden, wie das z. B. in den brahmanischen Tendenzen zur Reinheit des Ritus, im Ritual der Pharisäer und im Legalismus der katholischen Kirche zum Ausdruck kommt.

Wenn wir das zusammen mit dem dritten Dilemma sehen, so stellen wir eine Überbetonung der Verwaltung bei gleichzeitiger Herausbildung eines strengen Legalismus fest.

5. Das Dilemma der Macht: Bekehrung gegen Zwang

Die religiöse Erfahrung beinhaltet eine Aufforderung zur inneren Wandlung. Sie zeigt sich, wie Otto sagt, „als einmalig anziehend und faszinierend". Sobald sich aber die Religion institutionalisiert, tritt an die Stelle der dramatischen Bekehrung ein langwieriger Vorgang der Schulung und Unterrichtung der jungen Generation. Trotzdem stimmen alle Christen, Katholiken wie Protestanten, darin überein, daß der Aufnahmeakt freiwillig sein muß....

III. Gesellschaftliche Auswirkungen von Religion

ERNST WOLF

Auswirkungen von Religion

Sowohl primitive wie auch Hochreligionen haben stets das soziale, politische und wirtschaftliche Leben in ihrer Weise bestimmt. Sie haben eine mannigfaltig gestaltete soziale und politische Wirtschaftsethik herausgestellt, die in ihren Auswirkungen sich im christlich-abendländischen und vor allem auch im angelsächsischen Kulturkreis weit über die betreffende Religionsgemeinschaft hinaus erstreckt hat.

Die neuzeitliche Forderung von Menschen- und Bürgerrechten, von sozialer Gerechtigkeit, von Friedenssicherung und in der Beurteilung des Krieges sind sowohl in ihrem Ansatz als auch in einem großen Teil ihrer derzeitigen Gestalt Folge einer exakt nachweisbaren allgemeinen christlichen Erziehung. Sie sind das zum Teil auch in der radikal säkularisierten Gestalt antichristlich gewendeter Sozialideale und politischer Programme. Ähnliches läßt sich auch für andere große Religionsgruppen wie etwa den Islam und das Judentum beobachten. Für alle gilt in ungefähr gleicher Weise, daß sich das hintergründige Sozialprogramm mit Einschluß politischer und wirtschaftlicher Forderungen in einer ständigen Entwicklung und Wandlung seiner Konkretisierung befindet und von mitunter nicht unerheblichen inneren Spannungen durchzogen ist. Es dürfte sich auch nachweisen lassen, daß die Idee reiner Weltlichkeit als Leitmotiv der programmatischen Gestaltung der hierher gehörigen Probleme den Auswirkungen einer übernommenen geschichtlichen, aus den Glaubensvorstellungen abgeleiteten Konzeption entstammt.

1. Im Bereich der Wirtschaft

MAX WEBER

Askese und kapitalistischer Geist

Die innerweltliche protestantische Askese — so können wir das bisher Gesagte wohl zusammenfassen — wirkte also mit voller Wucht gegen den unbefangenen *Genuß* des Besitzes, sie schnürte den Verbrauch, speziell den Luxusverbrauch, ein. Dagegen *entlastete* sie im psychologischen Effekt den *Gütererwerb* von den Hemmungen der traditionalistischen Ethik, sie sprengt die Fesseln des Gewinnstrebens, indem sie es nicht nur legalisierte, sondern (in dem dargestellten Sinn) direkt als gottgewollt ansah. Der Kampf gegen Fleischeslust und das Hängen an

äußeren Gütern war, wie neben den Puritanern auch der große Apologet des Quäkertums, Barclay, ausdrücklich bezeugt, *kein* Kampf gegen rationalen Erwerb, sondern gegen irrationale Verwendung des Besitzes. Diese aber lag vor allem in der Wertschätzung der als Kreaturvergötterung verdammlichen *auffälligen* Formen des Luxus, wie sie dem feudalen Empfinden so nahe lagen, anstatt der von Gott gewollten rationalen und utilitarischen Verwendung für die Lebenszwecke des einzelnen und der Gesamtheit. *Nicht Kasteiung* wollte sie dem Besitzenden aufzwingen, sondern Gebrauch seines Besitzes für notwendige und *praktisch nützliche* Dinge. Der Begriff des *„comfort"* umspannt in charakteristischer Weise den Kreis der ethisch statthaften Verwendungszwecke, und es ist natürlich kein Zufall, daß man die Entwicklung des Lebensstils, der sich an jenen Begriff heftet, gerade bei den konsequentesten Vertretern dieser ganzen Lebensanschauung: den Quäkern, am frühesten und deutlichsten beobachtet hat. Dem Flitter und Schein chevaleresken Prunks, der, auf unsolider ökonomischer Basis ruhend, die schäbige Eleganz der nüchternen Einfachheit vorzieht, setzten sie die saubere und solide Bequemlichkeit des bürgerlichen „home" als Ideal entgegen.
Auf der *Seite der Produktion* des privatwirtschaftlichen Reichtums kämpfte die Askese gegen Unrechtlichkeit ebenso wie gegen rein *trieb*hafte Habgier, — denn diese war es, welche sie als „covetousness", als „Mammonismus" usw. verwarf: das Streben nach Reichtum zu dem Endzweck, reich zu sein. Denn der Besitz als solcher war Versuchung. Aber hier war nun die Askese die Kraft, „die stets das Gute will und stets das Böse" — das in ihrem Sinn Böse: den Besitz und seine Versuchungen — „schafft". Denn nicht nur sah sie, mit dem Alten Testament und in voller Analogie zu der ethischen Wertung der „guten Werke", zwar in dem Streben nach Reichtum als *Zweck* den Gipfel des Verwerflichen, in der Erlangung des Reichtums als *Frucht* der Berufsarbeit aber den Segen Gottes. Sondern, was noch wichtiger war: die religiöse Wertung der rastlosen, stetigen, systematischen, weltlichen Berufsarbeit als schlechthin höchsten asketischen Mittels und zugleich sicherster und sichtbarster Bewährung des wiedergeborenen Menschen und seiner Glaubensechtheit mußte ja der denkbar mächtigste Hebel der Expansion jener Lebensauffassung sein, die wir hier als „Geist" des Kapitalismus bezeichnet haben.

KARL-HEINZ DESCHNER

Kirche und Kapital

In den USA, wo der hohe katholische Klerus schon um 1890 über 2½ Milliarden Mark gebot, und wo heute große Goldreserven der Stellvertreter Christi in Fort Knox liegen, hat der Vatikan starken Einfluß vor allem auf die Stahlindustrie, auf U.S. Steel, Sharon Steel, Bethlehem Steel, Jons Manville Steel u. a. Vatikan und Jesuiten besitzen außerdem zahlreiche Aktien der General Motors Corporation, der Bendix Aviation, Douglas Aircraft, Worthington Pumps, American Telephone and Telegraph Company, Prudential Life u. a. Auch die größte

Privatbank der Welt, die Banc of America, befindet sich zu 51 Prozent faktisch in jesuitischer Hand.

In Italien besitzen der Vatikan, die Jesuiten und andere geistliche Kreise, entweder direkt oder über Vertrauensleute, Aktien und Wertpapiere der bedeutendsten Industrie- und Finanzunternehmen. Sie sind beteiligt an einer großen Zahl von Elektrizitätswerken und Telefongesellschaften sowie an mehreren Eisenbahnen. Von den Banken unterstehen der Kurie die Kommerzbank, die Römische Bank, die Landwirtschaftsbank, das Zentrale Kreditinstitut, das Römische Kreditinstitut, die Banken Ugo Natali, Scaretti, Santo Spirito u. a. Zum großen Teil in vatikanischer Hand ist die bekannte Gesellschaft „Montecatini" sowie die Firma „Viscosa" (Nylonherstellung). Zu einem beachtlichen Teil gehören dem Heiligen Stuhl und anderen klerikalen Gruppen die Gesellschaft „Alitalia", die größte italienische Luftfahrtgesellschaft, und die Autofirma Fiat. Ferner hängt eine sehr lange Reihe von Versicherungs- und Baugesellschaften teilweise oder ganz vom hohen Klerus ab....

1956 betrugen nomineller Aktienbesitz und Kapitalbeteiligung der Kurie allein in Italien, umgerechnet auf DM, 6 Milliarden. Der Gesamtbesitz an Aktien und Kapitalbeteiligungen wurde für 1958 auf etwa 50 Milliarden DM geschätzt — ein Vielhundertfaches gegenüber ihrem Kapitalvermögen vor nur wenigen Jahrzehnten, wobei der Vatikan den Zuwachs vor allem dem Faschismus verdankt, an dem er mehr profitierte als an jeder anderen politischen Bewegung seit langem....

Betrugen die Kirchensteuereinnahmen 1964 in der Bundesrepublik insgesamt knapp 2,1 Milliarden DM, waren es 1965 bereits 2,8 Milliarden, von einem Jahr aufs andere über 700 Millionen DM mehr! Bis 1975 aber soll die Kirchensteuer hier auf etwa 6 (sechs) Milliarden DM steigen!...

Zu den jährlichen Milliardenbeträgen an Kirchensteuern kommt dann freilich noch eine Fülle von Einnahmen. Hielt der Bund sich hierbei oft verhältnismäßig zurück, überwiesen doch allein die westdeutschen Länderhaushalte 1959 den Kirchen rund 150 Millionen DM, 1962 waren für sie bereits 202,8 Millionen DM veranschlagt, wobei der Löwenanteil der katholischen Kirche zukommt, obwohl ihre Mitglieder gegenüber der evangelischen in der Bundesrepublik in der Minderheit sind....

Auch wird kaum ein größeres kirchliches Bauvorhaben ohne Gemeindezuschüsse finanziert, wobei man sich vergegenwärtigen mag, daß von 1945 bis 1961 nur in der Bundesrepublik 1100 neue Kirchen gebaut wurden — mehr als in den vierhundert Jahren, die dem Zweiten Weltkrieg vorangingen! Auch alle Priester, die Angestellte einer Schule sind, bezahlt der Staat. Ebenso die 200 Bonner Militärpfarrer sowie das Personal für die Militärkirchenämter, wofür 1962 10,3 Millionen DM veranschlagt waren. . . .

Beträchtliche Summen erbringen (auch) zahlreiche (andere) Sammelaktionen, Spenden und Beitragsgelder. Nur die deutsche Zentrale des Päpstlichen Werkes der Glaubensverbreitung kassiert an Beiträgen und Spenden jährlich 13 Millionen DM. Die von deutschen Bischöfen geleitete bundesrepublikanische Missionsorganisation „Misereor" sammelte zwischen 1956 und 1965 rund 330 Mil-

lionen DM und erbrachte allein 1966 56 Millionen DM. Der erst vor einem Jahrzehnt hier gegründete Missions-Verein „Adveniat" sammelte 1966 rund 45 Millionen DM. . . .
Beide Kirchen erhalten in der Bundesrepublik an Spenden, Geldern aus Sammlungen, Opferstöcken und dergleichen pro Jahr mindestens 450 bis 500 Millionen DM, so daß allein ihre laufenden Einnahmen (einschließlich der Kirchensteuer) schon in den frühen sechziger Jahren jährlich über 2,5 Milliarden DM betrugen; heute machen sie weit über drei Milliarden aus.
Dazu kommen aber noch die Einnahmen aus dem eigenen Kapitalvermögen der Kirchen, aus Mieten, Pachten, Erbbauzins. Es kommen hinzu die Einnahmen aus sieben kircheneigenen Banken, sechs davon konnten ihre Bilanzsumme von 452,3 Millionen DM im Jahr 1963 auf 811,3 Millionen DM im Jahr 1967, d. h. in wenigen Jahren um 79 Prozent erhöhen.
Es kommen hinzu die Einnahmen aus verschiedenen Versicherungsgesellschaften, aus Hotels, Feriendörfern, Brauereien, Weinstuben und Weinhandel, aus Meßstipendien, Klosterlikören, Taufen, Trauungen, Begräbnissen, den Preisen für Grabstellen auf kirchlichen Friedhöfen (— nichts wofür es nicht genaue Taxen gäbe! —), Einnahmen aus Immobiliengeschäften, aus caritativen Einrichtungen wie Krankenhäusern, Kindergärten, Alten-, Mädchen-, Jugendwohnheimen usw., aus den Klöstern — ihr Rohvermögen in Deutschland wurde 1940 vom Staat mit 608,36 Millionen RM beziffert, dürfte heute aber ganz erheblich höher liegen, zumal die Kirche als Eigentümer bedeutender „Sachwerte" bei der Währungsumstellung vor Verlusten verschont worden ist. Außerdem besitzt die evangelische Kirche in der Bundesrepublik noch etwa 70 000 Hektar Land, die katholische Kirche rund 350 000 Hektar; von der letzteren sind etwa 77,5 Prozent verpachtet und erbringen jährlich mindestens 45—50 Millionen DM. Die Kirchen prahlen zwar damit, daß sie viele Millionen Quadratmeter ihres Besitzes für Siedlungszwecke bereitstellen, verschweigen aber meist, daß es zu ihren Geschäftspraktiken gehört, „beim Verkauf von Grund und Boden Ersatzland einzuhandeln, das eines Tages Bauland zu werden verspricht und damit langfristig die Chance auf einen überdurchschnittlichen Wertzuwachs hat. . . .
Es kommen hinzu die Einnahmen aus Verlagen, Druckereien, Zeitungen und Zeitschriften, aus eigenen Presse-Agenturen und eigenen Film-Gesellschaften — allein die katholische Kirche besitzt einige Dutzende Verlage, mehrere Tageszeitungen und ein paar hundert Zeitschriften mit einer Gesamtauflage von fast 25 Millionen Exemplaren. . . .
Die katholische Kirche ist schließlich auch an folgenden Unternehmen in der Bundesrepublik beteiligt: Aachener Gemeinnützige Siedlungs- und Wohnungs-GmbH; Kölnische Sachversicherung; Kölnische Lebensversicherung; Münchener Begräbnis- und Lebensversicherung (die beiden letzten zusammen mit einer Versicherungssumme von über 2 Milliarden DM); Badische Anilin- und Soda-Fabriken AG., Ludwigshafen; Bayerische Motorenwerke AG., München; Brown, Boveri and Cie AG., Mannheim; Deutsche Erdöl Aktiengesellschaft, Hamburg; Essener Steinkohlenbergwerke AG., Essen; Farbenfabriken Bayer AG., Lever-

kusen; Hamburger Elektrizitätswerke AG., Hamburg; Gesellschaft für Lindes Eismaschinen AG., Wiesbaden; Metallgesellschaft AG., Frankfurt; Rheinische Stahlwerke, Essen; Siemens & Halske AG., Berlin; Süddeutsche Zucker-Aktiengesellschaft, Mannheim; Vereinigte Deutsche Metallwerke AG., Frankfurt; Mannesmann AG., Düsseldorf u. a.

DER SPIEGEL

Die Kirchen im Big Business der USA

Amerikas Kirchen haben Millionen in Wertpapieren der Rüstungskonzerne angelegt. Sie sind damit, rügt ein offiziöser Bericht, Helfershelfer der US-Kriegsmaschine geworden.

Reverend Douglas Smith erklomm den schneebedeckten Gipfel des 4316 Meter hohen Mount Shasta in Kalifornien, um gegen den Vietnamkrieg zu protestieren: „Wir müssen alle für den Frieden arbeiten und opfern." Seine Kirche, die United Methodist Church, übersah den Protest — sie hat 59,75 Millionen Dollar in die amerikanische Rüstungsindustrie investiert.

Reverend John Hines unterzeichnete einen Appell zur Reue: „Unsere Nation ist zutiefst verunsichert. Ein Hauptgrund ist der andauernde Krieg in Südostasien." Seine Kirche, die Protestant Episcopal Church, ist zumindest der finanziellen Verunsicherung gewachsen — sie besitzt Wertpapiere über 29,9 Millionen Dollar bei bedeutenden Waffenproduzenten.

Zum ersten Mal lüftete jetzt in den USA eine kirchliche Institution den Deckmantels, unter dem die drei großen amerikanischen Glaubensgemeinschaften — Protestanten, Katholiken und Juden — ihre Anlagen von insgesamt 22 Milliarden Dollar auf dem US-Kapitalmarkt zu verbergen suchten.

Das Ergebnis: Die Kirchen

— haben „sich selbst in eine Position der Komplicenschaft mit den unverantwortlichen, unmoralischen Handlungen der (Rüstungs-) Konzerne gebracht";

— „stellen einen wichtigen Teil der wirtschaftlichen Unterstützung für den militärisch-industriellen Komplex und den Krieg in Südostasien";

— „helfen bei der Konstruktion und dem Gebrauch von Waffen für die Massenvernichtung von Menschen und Land".

Zu diesen Schlußfolgerungen gelangt eine Forschungsabteilung des National Council of Churches, zu dem sich 33 protestantische und orthodoxe US-Kirchen zusammengeschlossen haben, in einem Bericht über die Investitionspolitik von zehn Protestanten-Kirchen. Im Jahr 1971 besaßen diese Kirchen, zusammen mit dem Council selbst, Aktien im Werte von 203 Millionen Dollar bei 29 großen US-Rüstungsfirmen.

„Für die Kirchen", so der Bericht, „sind diese Investitionen ‚big business', sie bilden einen wichtigen, wenn nicht den wichtigsten Teil ihres Besitzes."

1970, „ein schlechtes Geschäftsjahr", brachte den Kirchen Rüstungsdividenden in Höhe von über sechs Millionen Dollar.

Am stärksten ist die United Methodist Church in den sogenannten militärisch-industriellen Komplex der USA verwickelt — mit Investitionen in Höhe von 59,75 Millionen Dollar bei 23 Pentagon-Vertragsfirmen. Es folgen die United Presbyterian Church mit rund 57 Millionen Dollar und die American Baptist Convention mit 30 Millionen Dollar.
Hauptnutznießer sind die Konzerne IBM (11 Kirchen investierten hier insgesamt 65 Millionen Dollar), General Motors und General Electric.
Nach Ansicht der Kirchen-Forscher besteht eine direkte Beziehung „zwischen der Fortdauer des Krieges in Südostasien und der militärischen Entwicklungsarbeit und Produktion dieser Konzerne".
Obwohl der Bericht nur auf Daten der zehn untersuchten Kirchen basiert, lassen die Autoren keinen Zweifel daran, daß sie im Grunde über alle Religionsgemeinschaften in den USA reden. Der Report zeige „nur einen kleinen Teil des Kirchen- und Synagogenbesitzes", der in Konzernen mit Militäraufträgen investiert wird.
Der Wert der kirchlichen Finanzbeteiligung, so mahnt der Bericht, ist in Dollar-Beträgen allein nicht zu messen. Denn die Verstrickung religiöser Organisationen ins Waffengeschäft verleihe dem militärisch-industriellen Komplex in den USA „eine moralische Aura der Legitimität".
Gerade während des Vietnamkrieges haben amerikanische Geistliche und Laien diese Rolle oft mit großem persönlichen Mut übernommen. Sie führten Demonstrationen an, verbrannten Einberufungsbefehle, unterstützten Kriegsdienstverweigerer. Nicht wenige bezahlten ihre Gewissensentscheidung gegen den Krieg mit Prozessen oder gar Haftstrafen — so der Reverend William Sloane Coffin und der Jesuitenpater Daniel Berrigan.
Bis heute aber haben die Kirchen — so wundert sich der Finanzbericht — „ihre ethischen und moralischen Besorgnisse nicht durch ihre Investitionspolitik ausgedrückt". Die Erklärung für diesen Widerspruch, meint Frank White, Verantwortlicher für die kirchliche Unterzeichnung, sei ganz einfach: „Niemand hat viel darüber nachgedacht."
Doch ganz so einfach ist die Wahrheit nicht. Die Geldgeschäfte der US-Kirchen regelt traditionsgemäß das Laien-Establishment, und in den entscheidenden Komitees sitzen meist einflußreiche Wirtschaftsbosse.
White: „Diese Leute aufzufordern, gegen Konkurrenten und Geschäftspartner oder gar gegen ihre eigenen Firmen moralische Sanktionen zu verhängen, ist — um es milde auszudrücken — mühselig."

EKD-STUDIE

Mitbestimmung als sozialethisches Problem

Sicher ist, daß heute kein Wirtschaftssystem die gesellschaftliche Freiheit des Menschen durch seine wirtschaftliche Unabhängigkeit garantieren kann. Darum müssen die gegenseitigen Abhängigkeiten und die Rechte aller Menschen so gestaltet werden, daß sie zu einem fruchtbaren Zusammenwirken kommen, in dem jeder in eigener Mitverantwortung seinen Beitrag leisten kann. Dies sollte man bei der heiß umstrittenen Frage nach der Mitbestimmung immer im Auge behalten. Es handelt sich nicht nur um ein wirtschaftliches, rechtliches und politisches, sondern im tiefsten Grund um ein sozialethisches Problem. Darum ist die Frage nach der Mitbestimmung auch der Kirche gestellt. . . .

Die Botschaft der Heiligen Schrift bezeugt, daß dem Menschen eine besondere Würde gegeben ist, die ihren Ausdruck in der Berufung zur Mündigkeit und zur Weltgestaltung findet. Die Würde hat ihren Grund in der Unmittelbarkeit des Menschen zu Gott. Diese Unmittelbarkeit ist durch Jesus Christus erschlossen. Durch die Verkündigung des Evangeliums wird dem Menschen zugesprochen, daß er Gottes Mitarbeiter ist. Seine Berufung wird ihm durch die Liebe Gottes zugeeignet und in der Liebe von Menschen erfahren. Diese Liebe will uns ein Leben in Freiheit und Mitverantwortung zur Gestaltung dieser Welt eröffnen.

Zu Freiheit und Verantwortung sind alle Menschen ohne Unterschied ihrer Rasse, ihrer Geburt, ihres Standes oder ihrer Stellung in der menschlichen Gesellschaft berufen. Wer sie empfängt, empfängt damit auch die Verpflichtung, sie anderen einzuräumen und diese dafür zu gewinnen und zu befähigen. Dazu gehört die Bereitschaft, durch die Schaffung gesellschaftlicher Ordnungen allen unter Berücksichtigung ihrer Sachkunde einen Weg zur eigenen Entscheidung und Mitverantwortung zu bahnen. Darum ist die Frage, welches Maß an Mitbestimmung und Mitverantwortung in den Arbeitsbeziehungen jedem einzelnen und ganzen Gruppen oder ihren gewählten Vertretern im Zusammenspiel der Gesellschaft eingeräumt wird, von grundlegender sittlicher Bedeutung. Das Interesse an der Leistung, die Menschen im Wirtschaftsleben mit Recht voneinander erwarten, darf niemals die Verpflichtung verdrängen, sich gegenseitig als mitdenkende und mitverantwortliche Glieder der menschlichen Gemeinschaft zu achten. . . .

Die Bestimmungsrechte der Kapitaleigner in einem Wirtschaftsunternehmen leiten sich aus dem Eigentum her. Eigentum an Produktionsmitteln stellt aber in der Regel nur zusammen mit menschlicher Arbeitskraft einen Wert dar. Der Begriff des Eigentums schließt nicht das Recht zur Herrschaft über Menschen ein. Wo die Rechte der Kapitaleigner und der Arbeitnehmer aufeinander angewiesen sind, stehen beiden Seiten Mitbestimmungsrechte zu. Ein Wirtschaftsunternehmen wird von den Arbeitnehmern nicht weniger mitgetragen als von den Kapitaleignern. Es stellt daher keine Minderung der den Kapitaleignern zustehenden Rechte dar, wenn die Arbeitnehmer an den für sie wichtigen Entscheidungen des Unternehmens durch ihre Vertreter mitbeteiligt sein wollen. Es sollte daher eine Ordnung gefunden werden, in der weder über das Eigentum der Kapitaleigner gegen deren Willen zu ihrem Schaden verfügt noch die Interessen der Arbeitnehmer bei den Entscheidungen übergangen werden können. Beide aber müssen zusammen willig und fähig gemacht werden, miteinander für die Befriedigung der in der Gesellschaft vorhandenen Bedürsnisse zu wirken. . . .

Die Rechte von Kapitaleignern und Arbeitnehmern können nur in gemeinsamer Ausrichtung aus die Erfordernisse der menschlichen Gesellschaft richtig wahrgenommen werden. Die Rechte beider Seiten verlieren um so mehr an ethischem Gehalt, je weniger sie dieser Ausrichtung entsprechen.

2. Im Bereich der Politik

DOROTHEE SÖLLE

Politische Theologie

Politische Theologie als das Nachdenken über den Glauben muß die gesellschaftliche Situation der Beschädigten wahrnehmen und die gesellschaftlichen Ursachen ihrer Beschädigung aufdecken. Sie kann es sich nicht leisten, einem Menschen unvermittelt zu sagen: Gott liebt dich! Weil alle Realität welthaft, gesellschaftlich vermittelt ist, darum muß auch dieser Satz politisch vermittelt werden; er hat nur Sinn, wenn er eine Bewegung der Veränderung des Status quo bedeutet. Angenommen, er wird zu einem Menschen gesagt, der seit fünfzehn Jahren in den Slums unserer Städte wohnt. Die Verachtung, die er erfahren hat, macht ihm diesen Satz unglaubhaft, läßt ihn nicht an die Liebe Gottes glauben. Er hat erfahren, daß er keine Arbeit bekommt, weil er aus einer Obdachlosensiedlung kommt, daß seine Kinder, obwohl begabt wie andere, in Sonderschulen geschickt werden. Die Gesellschaft, die ihn nicht angenommen hat, hat sich ihm durch die Erfahrung seiner Lebensgeschichte als ein so großer Feind aufgebaut, daß die Situation nicht durch ein Wort übersprungen werden kann. Die Liebesfähigkeit und die Fähigkeit, jemandem zu vertrauen, ist an die Geschichte und an die Erfahrungen, die einer gemacht hat, gebunden. Darum können gesellschaftliche Vorgegebenheiten dem einzelnen die Entscheidung, zu vertrauen oder zu mißtrauen, unmöglich machen. Sie ist ihm genommen. Er kann nicht zum Glauben, Hoffen oder Lieben kommen, er muß erst gesund gemacht werden.

HANS-DIETER BASTIAN

Zum Wahlverhalten der Kirchentreuen

Von allen politisch wirksamen Stereotypensystemen in der Bundesrepublik zählen die kirchlichen immer noch zu den stärksten. Der Trend der praktizierenden Katholiken (68 %) und Protestanten (43 %) zur CDU/CSU ist nach wie vor auffällig, wenn auch nicht in allen sozialen Schichten einheitlich. Ebenso spürbar besteht ein Hang der kirchenlauen Protestanten zur SPD. Die Erforschung des Wählerverhaltens aber sagt dem Theologen noch mehr. Der Baseler Doktorand E. Blankenburg, der die sozialen Faktoren bei der Wahlentscheidung in Nordrhein-Westfalen untersucht hat, notiert: „Katholiken wie Evangelische mit engster Kirchenbindung verbinden eine erhöhte Wahlbereitschaft mit einer geringen Informiertheit in politischen Fragen.“ Die Kirchentreuen gebärden sich nach dem Urteil der Soziologen an der Wahlurne wie eine Pressure-Group, die trotz dürftiger politischer Informationen ihre Sonderinteressen durchpauken will.

DER SPIEGEL

Umfrage: Wählerverhalten in der BRD

Bevorzugte politische Partei

Fragestellung: „Wenn am nächsten Sonntag Bundestagswahl wäre, welche Partei würden Sie dann wählen?"

Tabelle 59

Bei der nächsten Bundestagswahl	SPD	CDU/ CSU	FDP	NPD	Sonst. k. Angabe	SUMME
	34 %	39 %	7 %	4 %	16 %	100 % (N = 2037)
Nach Konfessionszugehörigkeit (Stat. Ga)						
Evangelisch	42 %	29 %	8 %	5 %	17 %	100 % (n = 1054)
Katholisch	24 %	55 %	5 %	3 %	13 %	100 % (n = 864)
Ohne Bekenntnis	(48 %)	(11 %)	(7 %)	(11 %)	(23 %)	100 % (n = 73)
Nach Kirchenbindung						
Prakt. Protestant	31 %	43 %	5 %	4 %	18 %	100 % (n = 300)
Prakt. Katholik	15 %	68 %	3 %	2 %	11 %	100 % (n = 577)

JOACHIM MATTHES

Konfessionalität und Gesellschaftspolitik

Richtet man das Augenmerk auf die gesamtgesellschaftlichen Aspekte der Vorgänge, die gemeinhin als Konfessionalisierung bezeichnet werden, so wird man zu bedenken haben, daß die beiden christlichen Kirchen die einzigen größeren Institutionen waren, die den Zusammenbruch des Jahres 1945 organisatorisch nahezu unversehrt und vor allem ohne übermäßige Einbuße an Reputation überstanden hatten. Schon dies sicherte ihnen von Anbeginn einen erheblichen Einfluß auf die Neugestaltung des staatlichen und gesellschaftlichen Lebens in der Bundesrepublik. Auch als die anfänglich große Bereitschaft in der Bevölkerung, sich nach dem Zusammenbruch den Kirchen neu zuzuwenden, allmählich zu erlahmen begann, blieb dieser Einfluß nicht zuletzt deshalb bestehen, weil man von den Kirchen und ihren Vertretern noch am ehesten erwartete, sie würden jenes Maß an Lauterkeit und Redlichkeit und an Verpflichtung gegenüber dem Gemeinwohl in die Politik einbringen, das das politische Leben in Deutschland so lange entbehrt hatte. Hinzu kam die Formierung bewußt als christlich sich verstehender Kräfte in einer politischen Partei, der CDU. Es ist hier nicht der Ort, die Herkunft und das

Selbstverständnis dieser Kräfte im einzelnen zu analysieren. Sicher dürfte sein, daß sie — gleich, ob aus dem Katholizismus oder dem Protestantismus hervorgehend — in keiner unmittelbaren und totalen Abhängigkeit von den kirchlichen Hierarchien standen und keineswegs einem politischen Klerikalismus Vorschub leisten wollten. Ebenso sicher ist andererseits, daß der als christlich empfundene politische Impuls dieser Kräfte, wie er insbesondere in der Widerstandsbewegung gegen den Nationalsozialismus sich ausgebildet hatte, von Anbeginn nicht der einzige Faktor in der Entwicklung dieser Partei war. Konservative und halbkonservative Orientierungen der verschiedensten Herkunft mischten sich ihm bei, und rückblickend wird man sich der Analyse Friedrich Fürstenbergs anschließen müssen, der in der neuen christlichen Orientierung im politischen Leben nach 1945 vornehmlich eine ideologische Plattform bürgerlich-konservativer, mittelständisch geprägter sozialer Großgruppen sieht. Für diese Gruppen und ihre Repräsentanten, in deren Denk- und Argumentationsstruktur das intellektuell-kritische Moment hinter dem Moment der wert- und bekenntnisgebundenen Dezision zurücktritt, ist das „Christliche" der entscheidende Faktor der Stabilisierung jener Ordnung, in der sie ihre Interessen als abgesichert empfinden. Dabei wird das, was unter „christlich" zu verstehen ist, nur selten explizit gemacht; es ist im Blick auf die gesellschaftliche Ordnung zumeist identisch mit der bloßen Erhaltung des Bestehenden als in seiner Herkunft „christlich", im Blick auf das konkrete Verhalten identisch mit der Sicherung gewisser Moralprinzipien und der religiösen Strukturierung des Erziehungsvorganges. Auf einen aufweisbaren, nachprüfbaren Zusammenhang zwischen dem Element des „Christlichen" und dem konkreten Verhalten oder einer Sachentscheidung wird verzichtet, denn die bekenntnishaft gebundene Entscheidung entzieht sich dem Zwang zur logischen Begründung und Rechtfertigung, ja kontrastiert sich diesem Zwang bewußt. Damit bleibt jedoch letztlich alles Konkrete der Entscheidung nach Interesse und Konstellation überantwortet. Diese Denk- und Argumentationsstruktur ließe sich im Blick auf zahlreiche gesellschaftspolitische Entscheidungen in der Bundesrepublik (z. B. in der Eigentumspolitik, in der Frage der Eigenvorsorge für Lebensrisiken usw.) überzeugend nachweisen; hier muß auf diesen Nachweis verzichtet werden. Für die politische Struktur der Bundesrepublik ist wichtig, daß die skizzierte Orientierung und die sie tragenden Gruppen das parlamentarische System mit ständestaatlichen Elementen durchsetzt haben. . . .

Die eigentümliche Verbindung zwischen mittelständischen Gruppeninteressen, konservativen Ordnungsvorstellungen von Staat und Gesellschaft und dem Moment des Christlichen muß ohne Zweifel auch im Zusammenhang der allgemeinen Orientierungsnot nach dem Zusammenbruch von 1945 gesehen werden. Als ein Kriterium für die Unterscheidung von „Richtig" und „Falsch", „Gut" und „Schlecht" in der Gesellschaftspolitik bot sich die Vereinbarkeit mit christlichem Gedankengut an; zugleich wurde das Merkmal der Religionszugehörigkeit zu einem spezifischen Kriterium der Auslese bei der Besetzung von politisch wichtigen Positionen. Es ist heute ein kaum noch ernsthaft diskutierter Tatbestand, daß die Kirchen offiziell zur Wahrnehmung der verschiedensten gesellschaftlichen Kontroll-

und Repräsentationsfunktionen herangezogen werden, was die Kirchen zugleich dazu veranlaßt, ihren Apparat und Personalbestand, der es ihnen erlaubt, diese Funktionen auch auszufüllen, beständig auszubauen. Die Konfessionalität des Schul- und Lehrerbildungswesens wird gelegentlich kritisch diskutiert, doch aber bisher nicht ernsthaft in Frage gestellt. Erst als sich zeigte, daß die strikte Durchführung des Bekenntnisschulprinzips zur Aufsplitterung des Volksschulwesens in zahllose Zwergschulen und damit zu einem Absinken des Bildungsniveaus führen kann, erhoben sich auch auf katholischer Seite manche Bedenken, die u. a. damit zusammenhängen, daß man sich vom Prinzip der Bekenntnisschule eine allmähliche Aufbesserung des noch immer schwächeren sozialen und Bildungsstatus der Katholiken in Deutschland erhoffte. Das System des sogenannten konfessionellen „*Proporzes*" bei der Besetzung öffentlicher Ämter, das gelegentlich, insbesondere auf der Ebene der Bundes- und Länderregierungen, zur Einrichtung ganz oder teilweise parallel laufender Positionen geführt hat, gilt trotz gelegentlicher Kritik als sinnvoll und praktikabel.

Das Merkmal der Religionszugehörigkeit ist so von der Ebene der Gesellschaftspolitik her in seiner Bedeutung für den sozialen Standort des einzelnen erheblich aufgewertet worden. Dieser Entwicklung entspricht kein vergleichbarer Vorgang der Belebung der kirchlichen Partizipation, wohl aber ein Vorgang des institutionellen Ausbaus der Kirchen. Diese Widersprüchlichkeit der konfessionellen Situation in der westdeutschen Gesellschaft ist bislang kaum ernsthaft ins Bewußtsein getreten. Sie äußert sich in zahllosen miteinander unvereinbaren Vorgängen und Entscheidungen innerkirchlicher und gesellschaftspolitischer Art, treibt dabei immer neue und keineswegs substantiellere ideologische Rechtfertigung hervor und fördert schließlich, auf lange Sicht gesehen, die Entfremdung zwischen Kirchenvolk und amtlicher Kirchlichkeit, die erneut in ein enges, wenn auch recht differenziertes Bündnis mit der bestehenden politischen und gesellschaftlichen Ordnung getreten ist.

KARDINAL HÖFFNER

Befürworter der Abtreibung sind nicht wählbar

Köln, 21. Februar (KNA)

Zwischen den Politikern, die in Bundesregierung oder Bundestag eine strafrechtliche Freigabe der Abtreibung während der ersten drei Schwangerschaftsmonate oder eine Freigabe der Abtreibung nach dem Indikationenkatalog des Bundesjustizministeriums befürworten, und der Katholischen Kirche ist nach Ansicht des Kölner Erzbischofs Kardinal Joseph Höffner eine Zusammenarbeit in Zukunft nicht mehr möglich.

Vor seiner Abreise zu der am selben Tage in Freising beginnenden Frühjahrsvollversammlung der Deutschen Bischofskonferenz sagte Höffner am Montag in einem Gespräch mit der Katholischen Nachrichten-Agentur (KNA) in Köln wörtlich: „Abgeordnete, die nicht bereit sind, die Unantastbarkeit menschlichen Lebens, auch des ungeborenen Kindes, zu gewährleisten, sind für einen gläubigen katholischen Christen nicht wählbar."

Den von 50 Parlamentariern der SPD und der FDP im Deutschen Bundestag eingebrachten Gesetzentwurf für eine bedingungslose Freigabe der Abtreibung während der ersten drei Schwangerschaftsmonate (Fristenlösung) nannte Höffner in dem Interview „für einen katholischen Christen unannehmbar". Der Vorschlag der Bundesregierung, die Abtreibung bei bestimmten Voraussetzungen (Indikationenlösung) zu erlauben, liefe nach Ansicht des Kardinals praktisch auf eine fast allgemeine Freigabe der Abtreibung hinaus, da die von der Regierung vorgesehenen Indikationen entsprechend ausgeweitet worden seien. Insgesamt, betonte Höffner, sei es „untragbar, daß die Entscheidung darüber, ob ein ungeborenes Kind leben oder sterben soll, in die Verfügungsgewalt der Mutter oder eines Arztes gelegt wird".

Scharfe Angriffe richtet der Kölner Erzbischof in dem Gespräch mit KNA gegen „gewisse Massenmedien", die einen heftigen, äußerst bedenklichen Kampf für die Freigabe der Abtreibung führten und dabei die Emotionen anheizten. Die daraufhin zustande gekommenen Ergebnisse demoskopischer Umfragen seien deshalb mit „besonderer Vorsicht zu bewerten". Die überwältigende Mehrheit der katholischen Bevölkerung lehne jedenfalls eine „mehr oder weniger breite Freigabe der Abtreibung" nachdrücklich ab.

Der Kampf verschiedener Massenmedien für die Freigabe der Abtreibung hängt nach den Worten Höffners „innerlich mit der Verherrlichung der Gewalttaten und mit der überwuchernden Pornographie" zusammen.

Es sei erschütternd, sagte der Kardinal, daß der ungeborene Mensch nur noch als ein bloßes „Etwas" angesehen werde, das einfach „weggemacht" werden könnte. Eine Gesellschaft, die die sittlichen Grundwerte wegwerfe, „wäre die Werte los und damit selber wertlos geworden", betonte Höffner.

Energisch wies der Kölner Erzbischof die von Bundesjustizminister Gerhard Jahn gegenüber KNA formulierte Arbeitshypothese zurück, daß ein qualitativer Unterschied zwischen geborenem und ungeborenem Leben bestehe. Unter Berufung auf mehrere Wissenschaftler betonte Höffner, kein Biologe werde anerkennen, daß ein Kind einen Tag vor seiner Geburt ein qualitativ anderes Wesen sei als nach seiner Geburt. Das Menschsein des ungeborenen Kindes sei für die Kirche vom Augenblick der Empfängnis an unbestritten. In dieser Ansicht werde die Kirche von den führenden Biologen und Medizinern bestätigt. Jedoch gelte selbst für jene, denen das Menschsein des ungeborenen Kindes zweifelhaft erscheine, der Grundsatz „Im Zweifel für das Leben der Menschen".

Nachdrücklich verteidigte Höffner das demokratische Recht auch der Christen, politisch aktiv zu werden. Nicht wenige scheinen heute zu meinen, sagte Höffner, nur die Anhänger säkularisierter Weltanschauungen seien zu solcher Aktivität berechtigt. Der Argumentation, der Staat habe keine moralischen Grundsätze durch das Strafrecht zu sichern, hielt der Kölner Erzbischof entgegen, ein Staat, der keine sittlichen Grundwerte anerkenne, sondern mit einer rein äußerlichen wertfreien Ordnung auskommen wolle, zerfalle.

Es sei falsch, Recht und Moral wie „äußere Gesetzlichkeit" und „innere Sittlichkeit" einander gegenüberzustellen. Auch der Bundesgerichtshof habe erklärt, die innere

Verbindlichkeit des Rechts beruhe gerade auf seiner Übereinstimmung mit dem Sittengebot.

KLEINES GELBES SCHÜLERBUCH

Die Zersetzung Westeuropas

Schlaf, Bürger, schlaf,
bist ein braves Schaf,
hau dich auf die Ohren,
wirst derweil geschoren.

(Wiegenlied eines Linksfaschisten)

Der dritte Schritt der Linksfaschisten in dem nunmehr seiner Abwehrkräfte weitgehend beraubten und auf Antiamerikanismus getrimmten Westen ist die Zersetzung der Gesellschaft und des Staates, die den letzten Schritt, den „Volksbefreiungskampf", ermöglichen soll. Diese Etappe ist relativ leicht geworden, da durch die andauernde Infiltration, die die Linksfaschisten aus ihren Zentralen in Moskau, Peking und Havanna trotz Dementis und Verschleierungsversuche ihrer Komplizen unter uns steuern, nunmehr genügend Helfer und nützliche Idioten zur Verfügung stehen, die das Werk der Subversion durchzuführen bereit sind. Wenn ich ein Haus zum Einsturz bringen will, muß ich seine tragenden Säulen durchsägen oder sprengen.

Wenn ich einen gesunden Organismus möglichst rasch zu einem Leichnam machen will, muß ich seine lebenswichtigen Organe mit den Metastasen eines unheilbaren Krebses durchsetzen.

Genau diese Strategie verfolgen die Linksfaschisten mit ihrer Subversion. Ihr verderblicher Kampf gilt dem systematischen Aushöhlen der tragenden Pfeiler unserer Gesellschaft.

Diese sind:
1. Die Jugend.
2. Die Familie.
3. Die Kirchen.
4. Der Staat und seine Organe.
5. Das Heer.

Diese Organismen der demokratischen Gesellschaft sollen zerstört, krank gemacht, vernichtet werden.

Die allgemeinen Richtlinien der Zersetzung heißen:
1. Verbreitung und Propagierung anarchistischer Ansichten und Untergrabung der allgemeinen christlichen Werte.
2. Zersetzung der christlichen Moralbegriffe in bezug auf die Sexualauffassung durch Propagierung und Verbreitung einer hemmungslosen Sexualität.
3. Schwächung und Zerstörung der natürlichen Widerstandskraft durch Propagierung und Verbreitung der Rauschgiftsucht unter Jugendlichen, was auch deshalb

eine wirksame Waffe gegen die freie Welt ist, weil dadurch zerstörte Existenzen soziale Probleme schaffen.
4. Propagierung und Verbreitung der sogenannten Familienkommunen, um die Zerstörung der Familie zu erreichen.
5. Unterwanderung und Zerstörung der Kirche durch Propagierung und Organisierung eines sogenannten „kritischen Christentums“ (kritischer Katholizismus).
6. Unruhestiftung durch verschiedene sit-, teach- und andere „in“-s, durch provokative Demonstrationen. Mißachtung der Organe des Staates, seiner gesetzgebenden und exekutiven Gewalt. (Mißachtung der Gerichte, Angriffe auf Polizisten, Entführungen usw.)
7. Hetzkampagnen, Angriffe und Meinungsterror auf Journalisten oder Zeitungen, die auf die linksfaschistische Gefahr aufmerksam machen.
8. Propagierung der Wehrdienstverweigerung um die Zersetzung des Wehrwillens zu erreichen.

Aus der Broschüre des Instituts for Christian National Educations (1948) Südafrika

Kirchen und Nationalismus

Unsere afrikaansen Schulen dürfen sich nicht nur darauf beschränken, in unserer Muttersprache zu unterrichten; sie müssen Stätten werden, die unseren Kindern das auf Christentum und Nationalgefühl basierende geistige und kulturelle Rüstzeug unseres Volkes vermitteln.
Wir wollen keine Vermischung der Sprachen, keine Vermischung der Kulturen, keine Vermischung der Religionen und keine Vermischung der Rassen.
Demnach sollten afrikaanssprachige Kinder in christlich-nationalem Geist erzogen werden, weil der christlich-nationale Geist des afrikaansen Volkes erhalten und gefördert werden muß.
Unter „christlich“ verstehen wir in diesem Zusammenhang die Bekenntnisse unserer drei afrikaansen Kirchen; unter „nationalistisch“ das innige Gefühl für das eigene Volkstum, besonders die eigene Muttersprache, die eigene Geschichte und die eigene Kultur.
Nationalismus muß im Christentum verankert sein.
Die Eingeborenenerziehung sollte auf folgende Grundlagen gestellt werden: treuhänderische Sachwalterschaft, der Eingeborene ist nicht gleichberechtigt, und es gilt das Prinzip der Rassentrennung (Apartheid). Das Ziel der Eingeborenenerziehung sollte es sein, dem Afrikaner die Lebensanschauung des weißen Mannes einzuimpfen, besonders die des Burenvolkes, welches den Vorrang besitzt.

Kirche und Ostpolitik (aus der EKD-Denkschrift)

Die Kirche ist von dieser Unruhe und Ungewißheit unter den Vertriebenen stark mitbetroffen. Auch in ihren Reihen wird lebhaft, oft mit Erbitterung, in Diskussionen und Erklärungen kirchlicher Gruppen über die theologischen und ethischen Fragen des Vertreibungsproblems und die daraus zu ziehenden politischen Folgerungen gestritten. Sie hält es daher um ihrer Verantwortung für diese Menschen willen, aber auch im Blick auf den ihr an ihrem Ort aufgetragenen Dienst für den Frieden zwischen den Völkern für ihre Pflicht, diesen Problemen und den Wegen zu ihrer Lösung nachzugehen. Sie kann und will sich damit nicht an die Stelle der zum politischen Handeln Berufenen setzen, aber sie kann hoffen, einen Beitrag zur Versachlichung der Diskussion und zur Urteilsbildung zu leisten, einige der bestehenden Spannungen zu beseitigen und damit die Wege zum politischen Handeln zu ebnen.

Die Kammer der Evangelischen Kirche in Deutschland (EKD) für öffentliche Verantwortung hat sich unter dem Vorsitz von Professor D. Dr. Ludwig Raiser, Tübingen dieser Aufgabe in der nachfolgenden Denkschrift unterzogen, die mit Zustimmung des Rates der EKD veröffentlicht wird.

(aus dem Vorwort von Bischof Scharf)

Die Vorgänge wären unangemessen verkürzt dargestellt, würde nicht von Anfang an auch das menschliche und geschichtliche Schicksal der östlichen Nachbarn Deutschlands mit ins Auge gefaßt. Sie haben den Krieg und den Kriegsausgang ebenfalls als menschliche und nationale Katastrophe erfahren. Dabei hatte das deutsche Volk schwere politische und moralische Schuld gegenüber seinen Nachbarn auf sich geladen. Die den Deutschen angetanen Unrechtstaten können nicht aus dem Zusammenhang mit der politischen und moralischen Verirrung herausgelöst werden, in die sich das deutsche Volk vom Nationalsozialismus hat führen lassen.

Diese im einzelnen und im ganzen erschütternden und die Struktur ganz Europas berührenden Katastrophen sind bis heute weder menschlich noch geistig, weder als geschichtlicher Vorgang noch als politische Aufgabe ausreichend verarbeitet worden. Die Vertreibung der deutschen Bevölkerung aus den Gebieten jenseits der Oder-Neiße-Linie und aus anderen Nachbarländern hat die notwendige sittliche und rechtliche Bewältigung bisher nicht erfahren. Die vorläufigen Entscheidungen des Potsdamer Protokolls vom 2. August 1945 zur Gebietshoheit über deutsche Ostprovinzen sind immer noch nicht durch eine völkerrechtliche Dauerregelung abgelöst worden. Als besonders belastend muß es bezeichnet werden, daß sich zwanzig Jahre nach Beendigung des Zweiten Weltkrieges kaum die Möglichkeit abzeichnet, die schwerwiegenden Fragen der Schuld und des Rechtes zwischen den beteiligten Völkern in sachlicher Offenheit zu erörtern. Das ist nicht nur eine Folge der ideologischen Gegensätzlichkeit. Das Verhältnis des deutschen Volkes zu seinen östlichen Nachbarn ist so tief zerrüttet worden, daß der frühere reiche menschliche, geistige und kulturelle Austausch völlig zum Erliegen kam und bis heute noch kaum wieder aufgenommen ist.

Solange dieser Zustand einer noch ausstehenden Versöhnung besteht, bildet er einen Herd der Unruhe, weil ohne Lösung der deutschen Frage alle Bemühungen um eine politische Entspannung in Mitteleuropa und um eine neue tragfähige Friedensordnung zwischen den Völkern erfolglos bleiben müssen. (aus der Denkschrift)

IGLESIA JOVEN (Chilenische Progressistengruppe)

Manifest über die politische Funktion der Kirche in Chile

Warum sind wir hier?

Wir haben uns in der Kathedrale vereinigt, in unserem Haus:

— weil wir von großer Liebe zu unserer Kirche bewegt sind
— weil wir wünschen, daß sie zeichenhafte Heimstatt der christlichen Familie sei
— weil wir uns, die Arbeiter, die Studenten und die Akademiker, als Familie vereinigen wollen
— weil wir von der Wahrheit des Evangeliums angetrieben sind, nicht von privaten Interessen.

Wir wollen wieder wie im Evangelium eine Kirche des Volkes sein, die ihre Armut, ihre Einfachheit und ihre Kämpfe lebt.

Deshalb sagen wir

— nein zu einer Kirche, die Sklavin ihrer Strukturen mit gesellschaftlichen Verpflichtungen ist.
— Ja zu einer freien Kirche, die den Menschen dient.
— Nein zu einer Kirche, die der Macht und dem Reichtum verpflichtet ist.
— Ja zu einer Kirche, die es, im Glauben an Jesus Christus und an den Menschen, wagt, arm zu sein.
— Nein zu einem hierarchischen Schema, das dem christlichen Volk aufgezwungen wird.
— Ja zu Hirten aus dem Volk, die mit ihm auf der Suche sind.
— Nein zu einer Kirche, die sich fürchtet, sich der Geschichte zu stellen.
— Ja zu einer tapferen Kirche, die sich im Kampf für die wirkliche Befreiung des Menschen einsetzt.

Wir wollen eine Kirche, die der *Wahrheit des Evangeliums* treu ist, indem sie Anklage führt gegen

— die Gewalttätigkeit, die von den Reichen und Mächtigen ausgeht. Denn „jede widerrechtliche Anmaßung des Rechts ist eine Form der Gewalt“;
— die Ausbeutung des Menschen durch ein ungerechtes Gewinnsystem;
— den internationalen Imperialismus des Geldes;
— den Betrug mit einer falschen Demokratie, die von wenigen gehandhabt wird;
— die Unterwerfung der Gewissen mit Hilfe der Monopole, die die Informationsmittel besitzen;
— die Trennung nach rassischen, kulturellen und wirtschaftlichen Gesichtspunkten;
— die Verwendung des Erziehungswesens zugunsten der herrschenden Klassen;
— die Spaltung des Volkes, um dadurch die Herrschaft zu verewigen.

Das heißt:

— Nein zur etablierten Unordnung,
— Ja zum Kampf für eine neue Gesellschaft, in der die menschliche Person geachtet wird und wo die Liebe möglich ist.

Santiago, August 1968.

JOHANN BAPTIST METZ

Gesellschaftskritik unter dem eschatologischen Vorbehalt

Die unaufhebbare Differenz von Planung und politischer Herrschaft wird auch durch die modernen wissenschaftlichen Entscheidungstheorien bestätigt, die mit mathematisch-kybernetischen, soziologischen, ökumenischen und anderen Modellen arbeiten. Denn diese Theorien können zwar innerhalb eines bestimmten Mittel-Zweck-Zusammenhangs die gesellschaftlich-politische Praxis rationalisieren, aber sie können mit ihren Methoden nicht über die sogenannten Präferenzen der zu verfolgenden Zwecke selbst befinden. . . .

Hier, an dieser gesellschaftlich-politischen Dimension der Zukunstsplanung setzt nun — indirekt — die Verantwortung der christlichen Gemeinde an: freilich nicht dadurch, daß die christliche Gemeinde selbst erneut zu politischer Herrschaft drängt, sondern dadurch, daß sie aus ihrem christlichen Zukunftsgewissen kritisch-befreiend in jene gesellschaftlich-politische Wirklichkeit hineinspricht, in der diese Planungsvorhaben programmiert werden. Das setzt voraus, daß die christliche Gemeinde in ganz neuer Weise die gesellschaftskritische, gewissermaßen „politische" Potenz ihres Glaubens und dessen Hoffnung und Liebe mobilisiert.

Die theologische Basis und Orientierung für diese gesellschaftskritische Aufgabe findet die christliche Gemeinde in dem eschatologischen Horizont ihres Selbstverständnisses, der zugleich ein Horizont universaler Humanisierung ist. Und diese endzeitlichen Verheißungen der biblischen Tradition — Freiheit, Friede, Gerechtigkeit, Versöhnung — lassen sich nicht privatisieren. Sie zwingen immer neu in die gesellschaftliche Verantwortung hinein. Gewiß, diese Verheißungen sind mit keinem erreichten gesellschaftlichen Zustand identifizierbar. In solchen Identifikationen, die die Geschichte des Christentums zur Genüge kennt, wird jener „eschatologische Vorbehalt" preisgegeben, durch den jeder geschichtlich erreichte Status der Gesellschaft in seiner Vorläufigkeit erscheint. Wohlgemerkt, in seiner Vorläufigkeit, nicht in seiner Beliebigkeit! Denn dieser „eschatologische Vorbehalt" bringt uns nicht in ein verneinendes, sondern in ein dialektisch-kritisches Verhältnis zur gesellschaftlichen Gegenwart. Die Verheißungen, auf die er sich bezieht, sind nicht ein leerer Horizont vage schweifender religiöser Erwartung, sondern ein kritisch-befreiender Imperativ für unsere Gegenwart; sie sind Ansporn und Auftrag, sie unter den geschichtlichen Bedingungen unserer Gegenwart wirksam zu machen und sie so zu „bewahrheiten".

IV. Das Ende von Religion

PETER L. BERGER

Konversion als Kennzeichen unserer Zeit

Das nie dagewesene Ausmaß an geographischer und sozialer Mobilität heute bedeutet, daß der moderne Mensch auch eine nie dagewesene Vielzahl an Weltansichten haben kann. Kunde von fremden Kulturen, die früher nur auf strapaziösen Reisen erworben wurde, wird heute von den Massenmedien in jedes Wohnzimmer gebracht. Irgend jemand hat von der Blasiertheit des Großstädters gesagt, sie sei die Fähigkeit, ungerührt zu bleiben, wenn auf der anderen Straßenseite ein Fremder in Turban und Lendenschurz vorbeigeht, dem sich eine Schlange um den Hals ringelt, während er die Trommel schlägt und einen Tiger an der Leine führt. Freilich gibt es Abstufungen solcher Blasiertheit. Aber etwas davon muß heute jedes Kind haben, das vor dem Fernsehschirm sitzt. Im allgemeinen ist die Weltoffenheit des modernen Menschen allerdings nur oberflächlich und reicht nicht aus zu ernsthafter Auseinandersetzung mit alternativen Lebensweisen. Aber in den unbegrenzten Reisemöglichkeiten unserer Zeit steckt mindestens latent schon die Einsicht, daß die eigene Kultur mitsamt ihren fundamentalen Werten in einem relativen Verhältnis zu Raum und Zeit steht. Soziale Mobilität, der Wechsel also von einer Gesellschaftsschicht zur anderen, verstärkt den Relativierungseffekt. Wo überhaupt Industrialisierung stattfindet, erhält die Gesellschaft eine neue Dynamik. Massen von Menschen, in Gruppen oder als einzelne, machen sich auf, um ihre gesellschaftliche Position zu verändern, und gewöhnlich führt der Weg „aufwärts“. Der Lebenslauf des einzelnen wird auf diese Weise zur Lebensreise, nicht nur durch verschiedene gesellschaftliche Schichten und Gruppen, sondern auch durch die Sinnwelten, die diesen anhängen. Der baptistische Postbeamte, dessen geistige Kost Readers Digest war, wird als stellvertretender Postdirektor Episkopaner und liest nun den New Yorker — und die kleine Professorenfrau, deren Mann es zum Dekan bringt, macht einen Salto von der Bestsellerliste zu Proust und Kafka.

Wenn alle Weltansichten derartig ins Schwimmen geraten, so überrascht es nicht mehr, daß unser Zeitalter als eines der Konversionen angesehen wird. Und daß Intellektuelle besonders dazu neigen, ihre Weltanschauung radikal umzustellen — und zwar ziemlich häufig —, ist auch nicht weiter verwunderlich. Die Anziehungskraft von theoretisch geschlossenen Gedankensystemen, die noch dazu mit Glanz und Macht ausgestattet sind, wie Katholizismus oder Kommunismus, ist oft beschworen worden. Auch die Psychoanalyse in allen ihren Varianten ist ein institutionalisierter Konversionsapparat, durch den der moderne Mensch nicht nur seine Selbstauffassung, sondern auch seine Weltanschauung verändern kann. Und die

Popularität, die viele neue Sekten und Kulte heute genießen — ihr geistiges Niveau spiegelt übrigens den jeweiligen Bildungsgrad ihrer Anhänger —, ist ebenfalls ein Beweis für den Drang der Zeitgenossen zu Konversionen. Fast scheint es, als sei der moderne Mensch, und besonders der gebildete, unaufhörlich im Zweifel über sein eigenes Leben und über das Wesen der Welt. Mit anderen Worten: Der Sinn für Relativität, von jeher ein Geheimtip hauchdünner Schichten von Gebildeten, ist heute eine Allerweltsangelegenheit unserer Kultur bis hin in die untersten Ränge der Gesellschaft.

Wir möchten nun nicht den Eindruck erwecken, als hielten wir den modernen Relativismus und mit ihm das rasche An- und Ablegen von Weltanschauungen für den Ausdruck geistiger oder seelischer Unreife. Gewisse Stars der Verwandlunskunst darf man dabei natürlich nicht allzu ernst nehmen. Nicht ganz dasselbe, aber ein doch wesensverwandtes Phänomen scheint uns allerdings geradezu als Schicksal noch über die seriösesten geistigen Anstrengungen unserer Zeit verhängt zu sein. Es ist schlechthin unmöglich, mit wachem Bewußtsein in der heutigen Zeit zu leben, ohne zu erkennen, wie relativ alle sittlichen, politischen und philosophischen Überzeugungen geworden sind. Die Wahrheit auf der einen Seite der Pyrenäen ist die Häresie auf der anderen, hat schon Pascal gesagt. Wer sich einmal ernsthaft in die geschlossenen, bis ins Kleinste durchdachten Weltanschauungssysteme, die unser Zeitalter noch zu bieten hat, vertieft, der bekommt es mit der Angst vor dem Totalitätsanspruch ihrer Wirklichkeitsinterpretationen zu tun, die die gewünschte Lesart des gegnerischen Systems und sogar des Überwechselns vom einen zum anderen von vorneherein mit einbeziehen. Der Katholizismus hat seine Theorie über den Kommunismus, und der Kommunismus bleibt ihm nichts schuldig und wartet seinerseits mit einer Theorie über den Katholizismus auf Für einen katholischen Denker ist der Kommunist von der Finsternis seines materialistischen Trugs über den eigentlichen Sinn des Lebens umgeben. Für den Kommunisten ist umgekehrt der Katholik heillos im „falschen Bewußtsein“ seiner bourgeoisen Mentalität befangen. . . .

THOMAS LUCKMANN

Wird die institutionalisierte Religion eine Randerscheinung?

Die Werte, die von den Kirchen institutionalisiert wurden, sind ursprünglich totale Lebenswerte gewesen, nämlich Sinnzusammenhänge, die mit allen Gesellschaftsinstitutionen verschränkt waren und folglich die Gesamtbiographie des einzelnen umspannten. Sie können sich nicht als partielle Sinnzusammenhänge behaupten, sozusagen als Halbtags- und Sonntagswerte. Das Schrumpfen der Kirchlichkeit ist nicht primär als Rückzug vor feindlichen Ideologien und Wertsystemen anzusehen, wie man annehmen könnte, wenn man Ideengeschichte ohne soziologische Perspektiven betreibt. Das Schrumpfen der Kirchlichkeit ist in der wachsenden Bedeutungslosigkeit der kirchlichen Werte für die sinnvolle Integrierung des Alltagslebens der typisch modernen Person verankert. Kirchlichkeit beruht zunehmend auf besonderen statt auf allgemeinen sozialen Bedingungen. Es wird also nicht das Schrumpfen der Kirchlichkeit, sondern der Fortbestand der Kirchlichkeit zum religionssoziologischen Problem. . . .

Der „autonome" einzelne verhält sich auch mehr oder minder „autonom" zu den traditionellen, spezifisch religiösen Vorstellungen, die in der heterogenen modernen Weltanschauung eben nur einen Teil des „Angebots" darstellen. Institutionell spezialisierte Religion ist in der modernen Gesellschaft zur Privatsache geworden. Aber als eine gefühlsmäßig vertraute Ästhetisierung der Privatsphäre kann institutionalisierte Religion noch einen täuschenden Aufschwung erleben. Trotz dem eindrucksvollen Gebäude der Kirche als weltlicher Institution ist gerade die gesellschaftlich am sichtbarsten verankerte Sozialform der Religion zu einem rein subjektiven Phänomen geworden.

Kirchengebundene Religiosität fällt im Idealfall mit der subjektiven Grundform der Religion zusammen. In der modernen Gesellschaft wird sie typisch zu einem scharf lokalisierten und zugleich peripheren Bewußtseinsphänomen. Die individuellen Grundmöglichkeiten der Religion werden nicht selbstverständlich mit gesellschaftlich vorgeformtem Gehalt erfüllt. Vielmehr eignet sich der einzelne religiöse Normen schon als institutionell lokalisierte Sondernormen an. Die Beschränkung der Gültigkeit dieser Normen auf einen bestimmten Erfahrungsbereich ist subjektiv mindestens möglich, wenn nicht wahrscheinlich. Der soziale Standort der Kirche beeinflußt entscheidend die Art und Weise, in der die religiösen Normen vom einzelnen in der Perspektive seiner eigenen Sozialbiographie aufgefaßt werden. Folglich können die religiösen Normen zwar subjektiv sinnvoll sein, aber die Wahrscheinlichkeit ist gegeben, daß dieser Sinn von vorneherein relativiert ist. Auf jeden Fall ist eine absolute Gültigkeit religiöser Normen gesellschaftlich nicht mehr gegeben. Sie kann subjektiv gegeben sein, erfordert aber dann auch eine subjektive Entscheidung, die ihrerseits durch die angeführten Folgen der modernen Gesellschaftsentwicklung erschwert ist. Vor allem ist aber jene beständige Erneuerung dieser Entscheidung erschwert, die angesichts der mangelnden sozialen Bestätigung subjektiv immer wieder nötig wird.

Die Vorgänge, unter denen die spezialisierten religiösen Normen der Kirche dem einzelnen übermittelt werden, sind in der modernen Gesellschaft nicht mehr allgemein. Je „moderner" die soziale Konstellation, die die Personwerdung bestimmt, um so unwahrscheinlicher ist die Aneignung spezialisierter religiöser Normen durch den einzelnen. In Konstellationen dagegen, in denen noch „traditionelle" soziale Rollen und Stellungen dominant sind, ist die Vermittlung spezialisierter religiöser Normen und Vorstellungen wahrscheinlich. Die Knotenpunkte der kirchengebundenen Religiosität finden sich am Rande der modernen Gesellschaft. Kirchengebundene Religiosität hat selber eine stark ausgeprägte soziale Verteilung. Dazu kommt aber noch das vorhin besprochene typische Phänomen der Relativierung der spezifisch religiösen Normen und Vorstellungen, von der auch der kirchengebundene einzelne betroffen ist, wenngleich es für ihn etwas andere subjektive Folgen hat als für seinen „verweltlichten" Mitbürger. Überspitzt formuliert könnte man sagen, daß auch der kirchengebundene einzelne typisch ein „Verbraucher" ist, dessen „Neigung" zu spezialisierten religiösen Vorstellungen von seinem sozialen Standort begünstigt ist. Der religiöse Sinnzusammenhang ist zwar für ihn institutionell vorgeformt, aber da er nicht mehr mit der inneren Form seiner Daseinsführung identisch ist, von ihm nur unvollkommen nachvollzogen. . . .

Aus verschiedenen Studien in der neueren Religionssoziologie geht hervor, daß kirchengebundene Religiosität nur eine seichte doktrinale Schicht enthält, obwohl ein christlicher Wortschatz wohl noch vorhanden sein lag. Man kann einwenden, daß dies keine neue Erscheinung sei, daß zum Beispiel die Bauern im 18. Jahrhundert auch keine großen Theologen gewesen seien. Die Ergebnisse der eben erwähnten Untersuchungen lassen aber klar erkennen, daß es sich bei dem doktrinal seichten Charakter der heutigen kirchengebundenen Religiosität keineswegs nur um die Abwesenheit theologischen Wissens handelt. Vielmehr ist an den verschiedensten Ebenen der sozusagen katechetischen Bildung ein mangelnder subjektiver Sinnzusammenhang zu bemerken, der der dogmatischen Vorformung entspräche. Dogmatische Einzelheiten, soweit vorhanden, tauchen häufig nur noch als rhetorische Bruchstücke auf. Die institutionell fixierten Normen und Vorstellungen verwirklichen sich nicht in Bewußtseinsprägung und Daseinsführung. Während sie noch einen spezifisch rhetorischen subjektiven Sinn haben mögen, ermangeln sie der Gültigkeit als Ordnungsprinzip in den typischen sozialen Lagen, denen der einzelne in der modernen Gesellschaft ausgesetzt ist. Der Zusammenhang der religiösen Normen ist zwar institutionell vorgeformt, bestätigt sich aber weder in den sukzessiven, von internen zweckrationalen Institutionsnormen bestimmten Lagen, noch in zusammenhängenden Erfahrungen in der Gesamtgesellschaft. Der praktische Konflikt zwischen den spezifisch religiösen Normen und den mehr oder minder autonomen Normen der anderen Institutionsbereiche, unter deren Diktat der einzelne zwangsläufig gerät, trägt also zur Auflösung des institutionell fixierten religiösen Sinnzusammenhanges bei.

Andererseits ist aber hervorzuheben, daß der Normkonflikt — von manchen Soziologen stark betont — nicht unbedingt subjektiv ausgekämpft werden muß. Da aus den früher besprochenen Gründen kirchengebundene Religiosität immer mehr zu einem Phänomen der Privatsphäre wurde trotz ihrer institutionellen Verankerung, braucht der einzelne nicht unbedingt eine Entweder-Oder-Entscheidung bezüglich der religiösen Normen zu treffen. Wie die anderen institutionellen Normen, kann der einzelne auch den Gültigkeitsanspruch der religiösen Normen relativieren. Dadurch wird allerdings die Übereinstimmung zwischen den religiösen Vorstellungen und der inneren Form der Daseinsführung aufgehoben, und die religiösen Vorstellungen werden in eine scharf lokalisierte Bewußtseinsschicht versetzt. So müssen sie mit den aus anderen Institutionen stammenden Normen, die ebenfalls lokalisert sind, nicht unbedingt in einen affektiv und kognitiv entscheidenden Konflikt treten. . . .

Die Relativierung der religiösen Normen, die der gleichen gesellschaftlichen Konstellation entspringt und analog zur Lokalisierung in einer begrenzten Bewußtseinsschicht führt, widerspricht aber gerade dem eigentlichen Sinn dieser Vorstellungen.

Der Gültigkeitsanspruch religiöser Normen ist absolut, da er ursprünglich und der Intention nach den gesamten Sinnzusammenhang in der individuellen Lebensführung repräsentiert. Die von der gesellschaftlichen Entwicklung begünstigte Verbannung der religiösen Normen in eine begrenzte Bewußtseinsschicht untergräbt die eigentliche subjektive und soziale Funktion der Religion.

GERHARD SZCZESNY

Das Ende des Christentums als bestimmender Kulturfaktor

Die Entchristlichung des Abendlandes, der immer wieder unternommene Versuch, sich vom Zwang der christlich-paulinischen Metaphysik zu befreien, ist ein Phänomen, das zuerst in der Renaissance, im Humanismus und in der Reformation offenbar wird und zuletzt im beharrlichen Säkularisationsdrang des neuzeitlichen kontinentaleuropäischen Geistes seinen Ausdruck findet. Im Grunde könnte man alles, was seit den Tagen der wiederentdeckten griechischen Philosophie den denkenden Teil der westlichen Völker bewegt, „Aufklärung" nennen. Zunächst noch in unangezweifelter Übereinstimmung mit den christlichen Glaubenssätzen, später neben ihnen und schließlich gegen sie, ist man bemüht, sich Aufklärung über das wahre Wesen der Dinge zu verschaffen. Die Inanspruchnahme dieser Bezeichnung für jenen ganzen, damals schon beginnenden Abschnitt unserer Geistesgeschichte wäre nur insofern irreführend, als wir mit dem Begriff der Aufklärung nicht zu Unrecht die Vorstellung von der Aufklärung großer Massen, zumindest ganzer Gesellschaftsschichten verbinden. Zur Zeit des Reuchlin und Erasmus konnte nur von der Wissensmehrung und Sinnesänderung einer kleinen Minderheit von Gelehrten und Gebildeten die Rede sein. Deren Einfluß auf die herrschenden Glaubensüberzeugungen war in einer Zeit des allgemeinen Analphabetismus naturgemäß gering. Die dünne Schicht, die Zugang zu den Literaturen des Altertums hatte und gewohnt war, Erfahrungen und Gedanken untereinander auszutauschen, führte der einmal geweckte Wissensdurst immer tiefer in die Zusammenhänge des Wißbaren hinein und immer weiter aus der Geborgenheit des überlieferten Glaubens hinaus.
Der Ablösungsprozeß brauchte Jahrhunderte. Es bedurfte langer Zeiträume und besonderer gesellschaftlicher Voraussetzungen, bis die Einsicht weniger zur Gewißheit vieler wurde und der alte Glaube nicht nur in den Köpfen einiger Schriftgelehrter, sondern auch in den Herzen des Volkes an Überzeugungskraft einbüßte. Die Entchristlichung des Abendlandes war zunächst eine Angelegenheit, die in den Studierstuben der Akademiker ausgefochten wurde; sie wurde dann, als es möglich geworden war, viele lesen zu lehren und für viele zu drucken, eine Folgeerscheinung der sich ausbreitenden allgemeinen Bildung, und sie wurde ganz zuletzt, als dem Verlangen der Massen nach geistiger Mündigkeit der Wunsch nach gesellschaftlicher Gleichberechtigung folgte und das in die Verteidigung gedrängte Christentum mit dem einen auch das andere bekämpfte, zu einer Konsequenz der politischen Entwicklung (wobei sie daneben weiterhin eine unausbleibliche Folge des fortschreitenden naturphilosophischen Denkens und seines Niederschlags in der

Literatur aller Gattungen bleibt). Erst im Verlauf des letzten Jahrhunderts erreichte der religiöse Zersetzungsprozeß mit der Popularisierung der neuen naturwissenschaftlichen und anthropologischen, das Wesensgefüge der Welt und des Menschen aufhellenden Kenntnisse sein volles Ausmaß.

Der den christlich-abendländischen Geist kennzeichnende Zwiespalt wurde in seiner ganzen Heillosigkeit jedoch schon zu einer Zeit sichtbar, da das spannungsreiche Zusammenwirken christlicher und kontinentaler Tendenzen die großartigen Zeugnisse jener Kultur hervorbrachte, die man zu Recht „christlich-abendländisch" nennt. Begnügte sich die mittelalterliche Philosophie und Wissenschaft zunächst damit, für die noch unangezweifelten Glaubenssätze Vernunftbeweise zu suchen und mit der These zu operieren, daß das, was man denken könne — Gott, Unsterblichkeit, Freiheit —, deshalb auch vorhanden sein müsse, so mußte man dieser Konstruktion, die Glauben und Wissen gewaltsam zusammenbringen wollte, schließlich entsagen und die Dogmen der christlichen Metaphysik entweder leugnen oder aber als rational nicht zugängliche Offenbarungswahrheiten postulieren. Auf diesen Standpunkt, Glauben zu fordern auch und gerade für vernunftwidrige Behauptungen, zog sich die christliche Apologetik vor der erwachenden Skepsis zurück und mußte auf ihm seit jenen Tagen in der Defensive verharren.

Mehr und mehr wurden im Verlauf der letzten fünfhundert Jahre die Glaubens-„wahrheiten" durch die Wissenswahrheiten verdrängt, so daß im vorigen Jahrhundert, als die neuen naturwissenschaftlichen Erkenntnisse in die breitesten Schichten einzudringen begannen, große und entscheidende Teile der Gesellschaft ein nur noch phlegmatisches Pietätsverhältnis zum Christentum unterhielten, in ihrem Weltbild und Lebensgefühl aber längst wieder zu einem neuen „Heidentum" zurückgekehrt waren. Aus vielerlei Gründen scheute sich der westliche Mensch jedoch vor dem offenen Eingeständnis, daß die Aneignung des christlichen Glaubens für ihn immer unvollziehbarer wurde, und zog es vor, seine ketzerischen Gedanken für sich zu behalten oder aber in Werke der Philosophie, Kunst und Wissenschaft eingehen zu lassen, denen man die Christentumsferne nur mittelbar entnehmen konnte. Nicht zuletzt war das Bekenntnis für oder gegen das Christentum eine Existenzfrage: es gibt christliche „Kultur"-Staaten, in denen man bis heute als Dissident wenn schon nicht mehr das Leben und die Freiheit, so doch wirtschaftliche Sicherheit und gesellschaftliche Stellung riskiert. Was aber die oberflächliche Betrachtung der sogenannten christlichen Hemisphäre nun auch zeigen mag: wer die letzten tausend Jahre der Geschichte des Westens vorurteilsfrei überschaut, wird zu der Feststellung kommen, daß der westliche Mensch, je mehr sein eigener Charakter ausreifte und je mehr er die Welt nicht nur wirkend, sondern auch erforschend und interpretierend zu durchdringen suchte, in einen unüberbrückbaren Konflikt mit der christlichen Weltauffassung geriet. Die christlichen Kirchen selbst legen mit ihrer erbitterten Bekämpfung und Verketzerung aller großen, originär kontinentalen Geistesbewegungen, der Renaissance oder des Humanismus oder der Aufklärung, ein beredtes Zeugnis für diesen Sachverhalt ab.

Das Christentum hat aufgehört, als gestaltende Kraft das europäisch-atlantische Leben zu durchdringen. Die in allerneuester Zeit versuchte Wiedererweckung einer christlichen Ethik in einem „christlichen Humanismus“ und „christlichen Sozialismus“ sind kein Gegenbeweis. Eine Religion, die nur mehr noch die Rechtmäßigkeit ihres ethischen Anliegens verteidigt, ist schon gestorben, da sie ihren Namen zu retten vermeint, indem sie ihn mit zeitgenössischen Bestrebungen allgemein menschlicher Art verbindet.

HANS-JÜRGEN SCHULTZ

Gottesvorstellungen und Denksysteme

Wenn der Menschheit ein Denksystem abhanden kommt, meint sie immer, daß ihr Gott abhanden kommt. Aber es ist womöglich gar nicht Gott, den sie verliert, sondern es sind zunächst nur die Konzeptionen und Begriffe von ihm, die Vorstellungen und Ideen; es ist der objektivierte Gott der Theologen und Philosophen, der mit dem Weltbild entschwindet, als dessen Prinzip er galt. Aus Theismus ergibt sich mit Konsequenz Atheismus. Der eine ist die Voraussetzung des anderen. Erst auf dem Boden der alten Gottesbeweise konnten die neuzeitlichen Gottesbestreitungen wachsen. Beide verhalten sich ganz folgerichtig zueinander. In Wahrheit handelt es sich weniger um Gottesbestreitungen als um Bestreitungen der Gottesbeweise.
Das Verhältnis des Menschen zu Gott ist jedoch ein viel elementarerer Vorgang, als daß er sich endgültig auf der Ebene von Gottesbeweisen und Gottesbestreitungen abspielen könnte. Das haben wir aus dem Auge verloren. Wir haben das Verhältnis des Menschen zu Gott völlig vertheologisiert. Um wieder darauf aufmerksam zu werden, daß schon jeder Atemzug und nicht erst die religiöse Reflexion und Spekulation ein Indiz unseres Gottesverhältnisses ist, bedurfte es offenbar einer radikalen Entwertung unserer Gottesbilder und Gotteslehren. Der metaphysische Gottesbegriff in seinen verschiedenfältigen Ausprägungen und Vulgarisierungen hat sich — und mit ihm angeblich unabdingbare Voraussetzungen unserer Existenz — stillschweigend, aber unwiederbringlich aufgelöst. Er hat in den Tatsachen modernen Lebens schlechterdings keinen Platz mehr.
Angesichts dieses Verlustes befinden sich Christen und Nichtchristen in der Lage einer gemeinsamen Ratlosigkeit, aber zugleich in der Lage einer gemeinsamen Hoffnung: nämlich in der Zerstörung der Bilder Gottes eine Methode seiner Siege zu erblicken. Wir können Gott nicht in Metaphern und Symbole, nicht in Riten und Formeln einfangen, sondern er fängt etwas mit uns an: immer neu, immer anders, immer überraschend. Dieses Geschehen heißt Geschichte. Geschichte ist die Zumutung Gottes, mit ihm Schritt zu halten. Gott ist niemals Vergangenheit. Wohin wir gehen und sehen, immer ist er schon vor uns da. Er kommt uns entgegen. Er will dasein als der er dasein will. An dieser Selbstbestimmung scheitern alle anderen Definitionsbemühungen. Gott ist niemals Besitz. Er ist nicht anders als latent gegenwärtig.

KARL BARTH

Religion und Glaube

Sie (die Religion) ist der ohnmächtige, aber auch trotzige, übermütige, aber auch hilflose Versuch, mittels dessen, was der Mensch wohl könnte, aber nun gerade nicht kann, dasjenige zu schaffen, was er nur kann, weil und wenn Gott selbst es ihm schafft: Erkenntnis der Wahrheit, Erkenntnis Gottes. Dieser Versuch kann also nicht etwa dahin gedeutet werden, daß der Mensch in ihm mit Gottes Offenbarung harmonisch zusammenwirke, daß Religion etwa die ausgestreckte Hand sei, die dann von Gott in seiner Offenbarung gefüllt werde. Man kann auch von dem offenkundig vorliegenden religiösen Vermögen des Menschen nicht sagen: es sei sozusagen die allgemeine Form menschlicher Erkenntnis, die dann in Gestalt der Offenbarung und des Glaubens ihren eigentlichen und wahren Inhalt empfange. Sondern um einen ausschließenden Widerspruch geht es hier: in der Religion wehrt und verschließt sich der Mensch gegen die Offenbarung dadurch, daß er sich einen Ersatz für sie beschafft, daß er sich vorwegnimmt, was ihm in ihr von Gott gegeben werden soll. . . .

Das Vermögen zu solchem Tun hat er wohl. Aber was er auf Grund dieses Vermögens erreicht und erlangt, das ist nimmermehr die Erkenntnis Gottes als Gott und Herr, und also nimmermehr die Wahrheit, sondern durchgehend und gänzlich eine Fiktion, die mit Gott selbst nicht nur wenig, sondern nichts zu tun hat, ein Gegengott, der erst als solcher erkannt werden und fallen muß, wenn die Wahrheit zu ihm kommt, der aber als solcher und als Fiktion nur erkannt werden kann, *indem* die Wahrheit zu ihm kommt.

DIETRICH BONHOEFFER

Religionsloses Christentum

Gibt es religionslose Christen? Wenn die Religion nur ein Gewand des Christentums ist — und auch dieses Gewand hat zu verschiedenen Zeiten sehr verschieden ausgesehen —, was ist dann ein religionsloses Christentum? Barth, der als einziger in dieser Richtung zu denken angefangen hat, hat diese Gedanken dann doch nicht durchgeführt und durchdacht, sondern ist zu einem Offenbarungspositivismus gekommen, der letzten Endes doch im wesentlichen Restauration geblieben ist. Für den religionslosen Arbeiter oder Menschen überhaupt ist hier nichts Entscheidendes gewonnen. Die zu beantwortenden Fragen wären doch: was bedeutet eine Kirche, eine Gemeinde, eine Predigt, eine Liturgie, ein christliches Leben in einer religionslosen Welt? Wie sprechen wir von Gott — ohne Religion, d. h. eben ohne die zeitbedingten Voraussetzungen der Metaphysik, der Innerlichkeit etc. etc.? Wie sprechen (oder vielleicht kann man aber nicht einmal mehr davon „sprechen“ wie bisher) wir „weltlich“ von „Gott“, wie sind wir „religionslos-weltlich“ Christen, wie sind wir Herausgerufene, ohne uns religiös als Bevorzugte zu verstehen, sondern vielmehr als ganz zur Welt Gehörige? Christus ist dann nicht mehr Gegen-

stand der Religion, sondern etwas ganz anderes, wirklich Herr der Welt. Aber was heißt das? Was bedeuten in der Religionslosigkeit der Kustus und das Gebet? Bekommt hier die Arkandisziplin bzw. die Unterscheidung (die Du ja bei mir schon kennst) von Vorletztem und Letztem neue Wichtigkeit?
Ich muß heute abbrechen, da der Brief gerade mit weg kann. In zwei Tagen schreibe ich Dir mehr darüber. Hoffentlich verstehst Du ungefähr, was ich meine, und langweilt es Dich nicht. Leb einstweilen wohl! Es ist nicht leicht, immer echolos zu schreiben. Du mußt entschuldigen, wenn es dadurch etwas monologisch wird!
Ich kann doch noch etwas weiterschreiben. — Die paulinische Frage, ob die Beschneidung Bedingung der Rechtfertigung sei, heißt m. E. heute, ob Religion Bedingung des Heils sei. Die Freiheit von der Beschneidung ist auch die Freiheit von der Religion.

KARL-WILHELM DAHM

Die Zukunft der Religion

Im Sinne dieser Betrachtungsweise ist eine recht klare Antwort auf die Frage nach der Zukunft der Religion zu geben. Religion im Sinne unseres Begriffes wird es immer geben; menschliche Existenz ohne solche Religion ist nicht denkbar. Freilich ist damit die Religionsproblematik unserer Gegenwart noch keineswegs erledigt. Nur sie ist gewissermaßen auf ein anderes Gleis geschoben (siehe oben Seite 7—10). Man wird nicht mehr so sehr danach fragen, ob es Religion geben wird oder soll oder nicht, sondern man wird fragen: welche Deutungs- und Wertschemata sollen unter uns gelten. Und über diese Frage wird ja schon heute heftig gestritten. Beispielsweise darüber, ob die überkommenen christlichen Moralauffassung über Arbeit und Freizeit, Liebe und Ehe, Krieg und Frieden, Eigentum und Diebstahl, Gehorsam und Mündigkeit — ob diese Auffassungen den Problemen und Gefahren einer sogenannten spätkapitalistisch organisierten Industriegesellschaft gerecht werden — oder ob sie möglicherweise gerade solche Strukturen verfestigen und indirekt verteidigen, die mit den Vorstellungen von Nächstenliebe und menschlicher Gleichheit nur sehr wenig zu tun haben. Doch ist das nicht unser heutigesThema, wenngleich hier die wirklichen Ursachen auch für den in jüngster Zeit neu angefachten Streit über die Religion liegen dürften. Denn letzten Endes trägt die Frage danach, ob es so etwas wie Religion morgen und übermorgen noch geben werde, solange nichts aus, solange die Frage nach den Inhalten und Strukturen der Wertungs- und Deutungsschemata davon ausgeklammert ist. Der Einzelmensch wird immer dessen bedürfen, daß ihm seine Situation motivfähig interpretiert wird, nur fragt sich, woher die Interpretamente genommen werden sollen — und übrigens auch woher sie überhaupt genommen werden können.
Während im Rahmen der Kirchensoziologie der Säkularisierungsprozeß unter dem Blickwinkel der schrumpfenden Kirchlichkeit betrachtet werden kann, muß sich das allgemeine soziologische Interesse darauf richten, was die Säkularisierung an „Positivem“ hervorgebracht hat, das heißt welche symbolischen Sinnzusam-

menhänge aus ihr erwachsen. Die Annahme, daß die moderne Gesellschaft areligiös ist, kann nicht a priori akzeptiert werden, auch wenn man sie als unchristlich ansehen muß. Die Soziologie muß sich allen Ernstes mit der Hypothese beschäftigen, daß trotz dem nur marginalen Fortbestand der Kirchlichkeit, trotz der überwältigenden geschichtlichen Bedeutung der christlichen Kirchen für das Entstehen der modernen Welt, trotz der Abwesenheit einer klar und faßbar institutionalisierten Gegenreligion in der modernen Gesellschaft eine neue, in ihrem Wesen nichtchristliche Religion im Entstehen begriffen ist. Es mag im Wesen einer solchen „Neureligion" liegen, daß sie nicht die traditionellen institutionellen Formen der geschichtlichen Religionen annimmt. Man mag auch vermuten, daß sich diese „Neureligion" in schon bestehende institutionelle Formen einschleicht, unter radikaler Veränderung ihres Sinnes. Auf jeden Fall ist die oben angeführte Hypothese ernsthaft zu diskutieren, da sie eine fruchtbare soziologische Perspektive zum Thema „Religion in der modernen Gesellschaft" erschließt.

HELMUT SCHELSKY

Die alte Wahrheit in einer neuen Welt

In der Epoche der beiden Weltkriege sind diese modernen Gesellschaftsstrukturen nun in einem radikalen Tempo zu den tragenden und selbstverständlichen Grundlagen unserer Welt geworden. Von ihren Ursprüngen her kann diese heute kaum noch angemessen begriffen werden. Funktionswechsel und Verselbständigung der Ergebnisse dieser Entstehungsvorgänge haben die moderne Welt zu einer autonomen, in sich selbst ruhenden Tatsache werden lassen, deren Eigengesetzlichkeit und brutal-dauerhaftes alltägliches Vorhandensein weder durch pessimistische oder optimistische Zukunftsspekulationen noch durch historische Ableitungen oder konservative Bewahrungssehnsüchte und -bemühungen erfaßt oder berührt werden. Alle Lebensformen, -gruppen und -institutionen, deren Existenz und Legitimität in einer durchgehaltenen Kontinuität der Zeiten beruhen, stehen vor einem neuen Anfang, in dem die Weisheit der Jahrhunderte nicht mehr trägt. Das trifft insbesondere für den christlichen Glauben und die christlichen Kirchen zu. Sie vermögen heute die moderne Welt nicht mehr von ihrer Säkularisiertheit her zu erklären und als bloßen Abfall von den christlichen Zeiten — „das Jahrhundert ohne Gott" — zu deuten, sondern sie stehen der Selbstgesetzlichkeit dieser Welt als einer unaufhebbaren Faktizität gegenüber, einer Welt, die zwar durch das Christentum hindurch entstanden, aber ihrem Wesen nach selbst nicht mehr christlich ist. Man hat diese Lage oft mit der Formel zu treffen versucht, daß das Christentum sich heute einem neuen Heidentum in der modernen Welt und besonders in ihrer Gesellschaft gegenübersähe; diese Parallele übersieht aber, daß heute mit dem Christentum keine neue Wahrheit in eine alte Welt kommt, sondern sich eine alte Wahrheit gegenüber einer neuen Welt behaupten muß.
Damit scheint mir der Wechsel angedeutet zu sein, der sich bei uns seit den dreißiger Jahren in dem Verhältnis zwischen moderner Sozial- und Weltstruktur

einerseits und dem christlichen Glauben und den christlichen Kirchen andererseits zu vollziehen beginnt. Was zeitlich ist an Glauben und Kirche und auf nahezu zwei Jahrtausenden bei aller Dynamik in sich kontinuierlichen und homogenen Sozialstrukturen beruhte, kann nicht mehr nur defensiv mit einigen Zugeständnissen an die Zeitläufe bewahrt werden — und wer dies versucht, steht auf verlorenem Posten —, sondern Kirchen und Glauben müssen die Wesensfremdheit und Selbständigkeit der heute vorhandenen Welt- und Sozialverfassung als gegeben anerkennen. Daß dieses Faktum einer sich von den christlichen Jahrtausenden emanzipierenden, weltlich-eigengesetzlichen, eben „mündig gewordenen" Welt auf kirchlicher Seite gerade von einem Theologen wie Dietrich Bonhoeffer als ersten ausgesprochen und anerkannt wurde, der eine konkrete historische Erscheinung dieser modernen Gesellschaft bis zur letzten persönlichen Konsequenz bekämpft hat, schiebt jede Zweideutigkeit beiseite, daß mit dieser „Anerkennung" etwa nur ein resignativ-opportunistisches Gelten- und Fahrenlassen dieser Welt gemeint sei. Aber das Christentum und seine Kirchen haben den modernen Gesellschaftsstrukturen und ihren Lebens- und Geschehensweisen gegenüber in ihrer Vergangenheit kein sicheres historisches Reservoir mehr, aus dem heraus und auf das hin sie ihren Glauben in seinen weltlichen Institutionen und Lebensformen bewahrend aufrechtzuerhalten und sozial zu verteidigen vermöchten, weil sie die „Emanzipation der Welt" in ihre eigene Sozialgestalt hineinnehmen müssen. Vielmehr stehen Christentum und Kirche so vor der Aufgabe, ihre ewige Wahrheit in veränderten, weltlich autonom gewordenen Sozialstrukturen neu zu *gründen.* Für die einzelne Person mag dies immer der Schritt der Bekehrung und des Ergriffenwerdens von Gott gewesen sein; für das Christentum und die Kirchen als soziale Erscheinungen, wie sie hier allein zur Erörterung stehen, ist dies zweifellos eine neue Lage: um aus den entfremdeten, nun als eigenständig anzuerkennenden Welt- und Sozialstrukturen heraus eine neue soziale Gestaltung der Heilswahrheit zu finden, bedarf es eines Sicheinlassens auf diese sozialen Formen, bedarf es deren Übernahme in das eigene soziale Leben, ja es bedarf damit eines Bruches des Christentums und der Kirchen mit ihrer eigenen *sozialen* Vergangenheit. Eben dieser Vorgang scheint sich mir seit einigen Jahrzehnten zu vollziehen; soziologisch ist er als eine „Anpassung von Religion und Christentum an die moderne Gesellschaft" anzusprechen.

THOMAS LUCKMANN

Neue religiöse Hauptthemen

Die in der modernen Gesellschaft auftretenden religiösen Vorstellungen sind nicht als ein Ganzes in einer institutionellen Ideologie anzutreffen; noch bilden sie eine eindeutig zusammenhängende, übergeordnete Schicht in der Weltanschauung. Sie weisen vielmehr eine komplizierte soziale Verteilung auf. Teils sind sie in institutionelle Ideologien eingeflochten, teils nach sozialen Klassen verteilt, und teils haben sie überhaupt keinen festen Ort im Gesellschaftsgefüge. Sie mögen dann in der Zivilisation dem einzelnen sozusagen direkt zu Angebot stehen, ohne daß Institution und Klasse eine entscheidende Vermittlerrolle spielen. Teils mögen sie überhaupt erst in der Privatsphäre entstanden sein, ohne schon eine weltanschauliche oder sprachliche Thematisierung gefunden zu haben.

Während also die religiösen Vorstellungen nur in einem losen Zusammenhang zueinander stehen und keine klare Symbolstruktur besitzen, so ist ihr Zusammenhang doch nicht gänzlich aufgehoben. Jedoch ist dieser Zusammenhang in der modernen Gesellschaft nicht mehr sozial eindeutig vorgezeichnet, sondern wird immer mehr subjektiven sinnverbindenden Prozessen anheimgestellt. Die symbolische Wirtlichkeitsschicht in der modernen Weltanschauung ist dementsprechend thematisch unklar. Zum mindesten kann man sagen, daß die innere Struktur der symbolischen Wirklichkeit in der modernen Gesellschaft unvergleichlich stärker fragmentiert ist als in anderen Gesellschaftsformen. Da sie wenigstens teilweise aus Erfahrungszusammenhängen in der Privatsphäre individueller Daseinsführung entspringt, ist sie außerdem thematisch und sprachlich unscharf. Es gibt nur wenige allgemein vorherrschende Themen, die eine ausgesprochen religiöse Funktion innerhalb der Weltanschauung haben. Die Vorstellungskreise, die diese Themen umgeben, beziehen sich nur undeutlich aufeinander und gehen sogar in Gegenthemen und deren Vorstellungskreise über. Die Themen zeichnen sich nicht gleichsam dramatisch ab, wie das in der symbolischen Wirklichkeit einer homogenen Weltanschauung der Falle ist...

Trotzdem soll versucht werden, die in der modernen Gesellschaft entstehenden religiösen Hauptthemen zu bezeichnen. Der Grundgehalt all dieser Themen ist die „Autonomie“ des Individuums. Die sozial transzendenten Institutionen, die politischen Ideologien mit dem in ihnen ausgedrückten oder auch pervertierten geistigen Gehalt, die Probleme der Gesellschaft und soziale Programme, alle sind sie subjektiv fast völlig irrelevant. Der einzelne lebt „sinnvoll“ in der Privatsphäre, zurückgezogen von der bewußtseinsmäßig so gut wie unbewältigten Wirklichkeit, einer Wirklichkeit, die die wichtigsten Gegebenheiten seiner Existenz objektiv bestimmt. Die vorherrschenden neu entstehenden religiösen Themen entspringen der Privatsphäre. Sie sind Dramatisierungen des subjektiv autonomen einzelnen auf der Suche nach Selbstverwirklichung und Selbstbestätigung. Die sie umgebenden Gegenthemen sind nicht als ideologisch scharf umrissene Antithesen zu verstehen, sondern als kontrapunktische Untermalungen der Hauptthemen. Sie bestehen aus verschiedenen, nach Klassenlage, kultureller Tradition und institutioneller Konfiguration variierenden, aber ihrem Sinn nach noch privaten „Lösungen“ des Konflikts zwischen dem subjektiv autonomen Individuum und seiner objektiven Machtlosigkeit gegenüber den Grundtatsachen, die seine Lebensführung bestimmen.

Das Thema der Selbstverwirklichung, dessen Geschichte weit zurückreicht, aber erst in der Romantik „modern“ akzentuiert wird, entwickelt sich in der modernen Gesellschaft zum weltanschaulichen Gemeingut. Noch eindeutiger als in der Romantik wird das Feld der Selbstverwirklichung auf die Privatsphäre beschränkt, auch dort, wo eine staatsbürgerlich-demokratische Tradition dieser Entwicklung entgegenwirkt, wie beispielsweise in den Vereinigten Staaten. Das kontrapunktische

Gegenthema dazu ist der Vorstellungskreis der Anpassung, des Zusammenseins, des Miteinanderlebens — unter dem Motto des In-Ruhe-gelassen-Werdens. Das Thema der Selbstbestätigung, mit dem der Selbstverwirklichung nahe verwandt, prägt sich vor allem in dem in der modernen Klassenstruktur virulenten Drang nach Status aus. Die kontrapunktische Untermalung hierzu findet sich in dem in der modernen Gesellschaft an sich künstlichen Drang zur Gemeinschaftlichkeit und der Tendenz zur sozialen Distanzlosigkeit. Thema und Gegenthema wurzeln gedanklich in der Dialektik, die sich in der politischen Tradition des Gleichheitsdenkens stellt. In der modernen Gesellschaft sind sie aber subjektiv vor allem als Versuch zur Ausdehnung der Privatsphäre zu verstehen und institutionell als manipulierte „Vermenschlichung" des zweckrationalen Wirkungszusammenhanges und seiner anonymisierten Rollenhandlungen.

Ein weiteres wichtiges Hauptthema in der modernen Weltanschauung ist das der Sexualität. Sexualität ist primär ein Phänomen der Privatsphäre, das aber in der modernen Weltanschauung sozusagen an die Öffentlichkeit gelangt. Die Sexualität vor allem ist durch die typische „Verbraucherorientierung" gekennzeichnet. Das Thema ist mit den Themen der Selbstverwirklichung und Selbstbestätigung eindeutig verbunden. Obwohl Sexualität im allgemeinen als eine Erweiterung des Selbst verstanden werden kann, sind die frenetischen, den Alltag und die Öffentlichkeit durchdringenden Formen dieses Themas in der modernen Gesellschaft eher ein Symptom der Unterentwicklung der Person. Der kontrapunktische Vorstellungskreis zu diesem Thema ist der für den Beobachter der modernen Gesellschaft und für den mit den Familientheorien des 19. Jahrhunderts vertrauten Soziologen zunächst überraschend vortretende Familismus. Dieses Phänomen ist als Rückzug auf die Familie gedeutet und aus sozialpolitischen Umständen abgeleitet worden. Diese Deutung mag einen Aspekt des Phänomens treffen. Wichtiger scheint aber der Umstand, daß in der modernen Gesellschaft der Familismus die Hauptmöglichkeit einer sinnvollen und mehr oder minder „sicheren" Erweiterung des Selbst darstellt. Die Privatsphäre stößt in dieser Erweiterung nicht scharf und unmittelbar auf die Gegebenheiten der Sozialstruktur, so daß der einsame einzelne sich in die „Welt" hin erweitern kann, ohne unter den direkten Zwang eines Wirkungszusammenhanges zu geraten. Es wurde gesagt, daß die noch erhaltenen christlichen Themen von der Verweltlichung ergriffen wurden und daß ein christlicher Wortschatz oft neu entstehende Themen überdeckt. Das trifft sowohl auf das Thema der Selbstverwirklichung wie auf das der Selbstbestätigung zu. Vor allem sind es aber die Themen des Familismus und der Gemeinschaftlichkeit, die hinter einer offensichtlich christlichen Ausdrucksform einen völlig diesseitigen Sinn angenommen haben.

All diese religiösen Themen und Gegenthemen sind ihrem Wesen nach radikal diesseitig und verweltlicht. Sie thematisieren dramatische Aspekte des „autonomen", des „freien" Individuums. Die Thematik der modernen Weltanschauung symbolisiert das sozialhistorische und strukturell begründete Phänomen des Individualismus. Für den diesseitigen Individualismus der modernen Weltanschauung und Kultur überhaupt ist es bezeichnend, daß der Tod als Thema nicht auftritt, sondern völlig verdrängt ist. Eine echte Parallele hierzu findet sich weder in einer anderen historischen Zivilisation noch in ethnologisch aufgeschlossenen Kulturen. Entweder fehlt die individualistische Komponente oder die radikale Diesseitigkeit. In diesem Zusammenhang ist auch der Mangel einer kulturellen Ausformung des Alterns in der modernen Weltanschauung bemerkenswert.

Der illusorische Charakter der modernen Weltanschauung rührt daher, daß der subjektiven Autonomie des einzelnen die objektive Autonomie der sozialen Wirkungszusammenhänge entgegensteht. Im Mythos des modernen Individualismus wird sie subjektiv verneint beziehungsweise übersehen. Die moderne Weltanschauung trägt also zum Funktionieren des Gesellschaftssystems bei, ohne dessen Realität bewußtseinsmäßig zu erfassen, indem sie Wunscherfüllungen innerhalb der Privatsphäre zu einer religiösen Daseinsauffassung erhebt. Unter diesem Blickwinkel hat die moderne Weltanschauung einen nahezu ideologischen Charakter, obwohl sie institutionell nicht lokalisiert ist und nicht einfach aus den Interessen einer bestimmten Klasse entspringt. Sie ist „Religion“ eher als „Ideologie“, insofern als sie in der Gesamtgesellschaft verankert ist. Sie ist „Ideologie“ eher als „Religion“, insofern sie radikal diesseitig ist und im „Interesse“ faktischer Wirkungszusammenhänge fungiert. . . .

Der individuelle Sinnzusammenhang der Daseinsführung entsteht nicht in der Aneignung eines kohärenten und klar strukturierten Kosmos religiöser Vorstellungen. Die Person ist nicht ein Mikrokosmos eines sozial verfestigten und ihrem Sinn nach symbolischen Sinngefüges. Moderne Religiosität ist weder spezifisch institutionalisiert noch als Ganzes gesellschaftlich vorgeformt. Der Sinnzusammenhang, der für die Person in der modernen Gesellschaft zustande kommt, ist insofern gesellschaftlich bedingt, als er infolge der *Indifferenz* des Gesellschaftsgefüges gegenüber der Privatsphäre entsteht. Das heißt aber auch, daß die neue Sozialform der Religion radikal privatisiert ist. Der Sinnzusammenhang wird individuell aufgebaut durch eine Aneinanderreihung von Einstellungen, die sich den Erfordernissen der sukzessiven sozialen Lagen als „Werte“ anpassen können. Deren Einheitlichkeit wird aber nur im Ausnahmefall in geistigen Akten der Person geprägt und findet in der Sozialstruktur beziehungsweise in der individuellen Erfahrung sozialer Wirklichkeit keinen Rückhalt und keine Bestätigung. In der Privatsphäre können der einheitliche Charakter und der Zusammenhang der aneinandergereihten Meinungen erfolgreich vorgegeben werden, da sie in der Privatsphäre keine sozial objektiven Folgen haben und der einzelne für sie letztlich nicht verantwortlich zu sein braucht. Wie gesagt ist diese Minimalform des Sinnzusammenhanges nicht spezifisch institutionalisiert noch als Ganzes sozial vorgeformt. Sie ist aber dennoch aus den angeführten Gründen aus dem Einfluß der modernen Gesellschaftsstruktur auf Personwerdung und Daseinsführung des Individuums zu erklären.

GEORG PICHT

Unbewußte Ideologien

Neben den offiziellen Ideologien dringen aber in jenes ungeheure Vakuum, das durch den Abbau der alten Weltreligionen entstanden ist, durch alle Poren des Bewußtseins versteckte und unbewußte Ideologien ein, von denen heute niemand frei ist. Die trivialeren Formen der modernen Ideologiekritik pflegen solche Ideologien auf die verborgenen gesellschaftlichen, ökonomischen oder politischen Interessen zurückzuführen, die sich in ihnen manifestieren und denen sie dienen. Aber damit wird nur die Oberflächenschicht des ideologischen Bewußtseins erfaßt. Man muß mit dem Instrumentarium der Soziologie die analytischen Methoden der Religionswissenschaft und der Psychologie verbinden, wenn man das Phänomen untersuchen will. Dann stellt sich heraus, daß das ideologische Bewußtsein versteckten Mechanismen gehorcht, die uns aus der primitiven Vorgeschichte der Hochreligionen und aus dem infantilen Untergrund des individuellen Seelenlebens vertraut sind. Keine Gesellschaftsschicht ist gegen das Gift der versteckten Ideologisierung immun. Ja es zeigt sich gerade in unseren Tagen, daß das vermeintlich aufgeklärte und differenzierte Bewußtsein der Wissenschaftler und der Intellektuellen eine spezifische Anfälligkeit für Ideologisierungsprozesse besitzt, der man so lange nicht beikommen wird, als man ihre Gründe nicht durchschaut. Die Analyse der gegenwärtigen Verfassung des säkularen Bewußtseins führt deshalb zu einem erschreckenden Resultat: Hinter dem Rücken der modernen Rationalität vollzieht sich, widerstandslos und ohne Kontrolle, eine kollektive Regression des gesamtgesellschaftlichen Bewußtseins auf jene primitiven Stufen, welche die großen Religionen mit der Begründung der alten Hochkulturen und der Ausbildung der mythischen Formen des Denkens überwunden hatten. Dem Aberglauben sind keine Grenzen gesetzt, wenn man es unternimmt, den Glauben aus der Welt zu schaffen. Man braucht nur die futurologische Literatur zu studieren, um sich von der Wahrheit dieses Satzes zu überzeugen.

Wenn wir auf diese Weise die psychologische Verfassung des säkularen Bewußtseins durchleuchten, ergibt sich eine neue Erklärung für jenen Widerspruch von Rationalität und Vernunft, der uns sowohl bei der Analyse der modernen Wissenschaft wie bei der Analyse der Grundverfassung unserer politischen Welt begegnet ist. Die Rationalität der Neuzeit hat, wie sich zeigt, die Religion nicht überwunden; sie konstituiert sich vielmehr durch eine permanente Verdrängung ihrer eigenen religiösen Vorgeschichte und ist eben deshalb dem Phänomen der Religion gegenüber mit Blindheit geschlagen. Dadurch, daß sie der Religion den Rücken kehrt, ist die Rationalität zugleich vernunftlos geworden. Andererseits hat die Religionsfeindschaft der neuzeitlichen Zivilisation die Folge gehabt, daß sich die alten Religionen gegen den Weg des modernen Geistes weithin verschlossen haben. Sie haben die Sprache des säkularen Bewußtseins nicht erlernt und verweigern uns auf die Frage „Was ist Religion?“ jede Antwort, die für ein aufgeklärtes Denken verständlich wäre. Zwar gibt es in der neuzeitlichen christlichen Theologie — über die anderen

Religionen bin ich nicht ausreichend informiert — bedeutende und produktive Tendenzen einer modernen Interpretation der alten Wahrheiten des Glaubens; aber diese Tendenzen laufen insgesamt Gefahr, im Nachvollzug der Aufklärung, den sie erstreben, zugleich auch jener Verständnislosigkeit gegenüber den primären religiösen Phänomenen zu verfallen, die das Element des säkularen Bewußtseins ist. Der Dialog zwischen Religion und säkularem Denken gleicht dem Gespräch zwischen einem Stummen und einem Blinden. Der Stumme kann nicht sagen, was er sieht; der Blinde kann nur sagen, was er nicht sieht.

Es ist dem modernen Bewußtsein nicht geholfen, wenn man es auf Formen religiösen Denkens und Lebens verweist, die der Vergangenheit angehören. Es ist uns nicht möglich, in unsere Vorgeschichte zurückzuflüchten und den Weg, den das aufgeklärte Denken im Vollzug seiner Emanzipation hinter sich gebracht hat, wieder zu vergessen. Wir können jene Formen des religiösen Bewußtseins, die einer vorwissenschaftlichen Epoche des menschlichen Geistes angehören, nicht reproduzieren. Wer das versuchen will, der belügt sich selbst. Wenn das moderne Bewußtsein die uns wie durch ein Nebelmeer verhüllte Welt der großen Religionen wieder entdecken soll, so werden diese Religionen selbst in einem ungeheuren Verwandlungsprozeß den geschichtlichen Rückstand, in den sie geraten sind, überwinden müssen. Und wenn es wahr ist, daß die Rationalität nur durch die Wiederentdeckung ihrer eigenen Vorgeschichte die Möglichkeit erhält, zur Vernunft zu kommen, so wären die Religionswissenschaft und die Theologie, die dieses Werk zu leisten hätten, Grundwissenschaften einer zukünftigen Welt.

HANS NORBERT JANOWSKI

Radikalisierung religiöser Urfragen durch neue Erfahrungen

Demgegenüber scheint sich der religiöse Zugang zum christlichen Glauben vielen in einer neuen Form zu eröffnen und den vermeintlichen Funktionsverlust des Glaubens als eine Schimäre zu erweisen. Religiöse Fragen wie die nach dem Sinn von Leiden, Schuld oder Tod und nach der Möglichkeit gelungenen Lebens erscheinen in einer veränderten Perspektive und in verschärfter Form

— angesichts der Erfahrung: Den meisten ist die interdependente Einheit der sich entwickelnden Weltgesellschaft gegenwärtig. Deren Geschichte müssen die Menschen selbst machen, ohne daß sie jedoch unter den Bedingungen der arbeitsteiligen Industriegesellschaft die Mitbestimmung und Mitverantwortung für ihr Handeln besitzen, auch wenn sie dessen Tragweite sollten überblicken können,

— angesichts ferner der moralischen Überforderung durch die Ambivalenz dieser Selbstbestimmung: Sie ist die Voraussetzung für eine sichere Zukunft aller, kann aber auch in die kollektive Selbstzerstörung umschlagen,

— angesichts schließlich der Irrationalität unseres Glaubens an die Rationalität der technischen Arbeit und der gesellschaftlich-mitmenschlichen Praxis: Die Zielvorstellungen dieser Arbeit und Praxis können, auch wenn sie in einem „herrschaftsfreien Dialog" gewonnen worden sein sollten, nur in einem durch Ausübung von Herrschaft verzerrten Zusammenhang verwirklicht werden.

Durch derlei Erfahrungen erhalten die religiösen Sinnfragen ein verändertes Profil; und für viele, denen eine sozialphilosophische Theodizee, der Versuch einer Rechtfertigung Gottes, keine angemessenen Antworten darauf liefert, finden abseits der Einbahnstraße sozialer Therapeutik einen neuen und ursprünglichen Zugang zur christlichen Versöhnungsbotschaft.

In dieser Perspektive wird der Glaube zweifellos „politisiert", in dem Sinne nämlich, als er auf weltliche Verantwortung und gesellschaftliche Praxis hin orientiert ist. Bei aller Orientierung daran hat er jedoch nicht nur die isolierte Veränderung von Lebensverhältnissen zum Ziel, sondern ihnen voraus und durch sie hindurch vor allem die Veränderung der einzelnen Menschen.

HELMUT SCHELSKY

Dauerreflexion als Medium heutiger Weltanschauung

Schon die „Glaubenskämpfe" der Reformationsbewegungen stellten dann vor Glaubens-Entscheidungen, aber eine endgültige Wandlung der Glaubensform wurde doch erst dort erreicht, wo *die Wahl zwischen Wahrheiten, zu denen man sich bekennt,* zum entscheidenden Glaubensakt gemacht wurde, d. h. also wo „Glaube" als Bekenntnis zu bestimmten, teilweise an Einzelheiten der Formulierung gebundene Wahrheiten zum *Gegenstand des Bewußtseins* wurde. Diese Situation wird *sozial* jedoch erst dann belangvoll, wenn der Bewußtseinszweifel an der Wahrheit religiöser Aussagen verhältnismäßig verbreitet und allgemein geworden ist. Dies ist der Fall seit der Aufklärung, der Überprüfung religiöser Aussagen, Dogmen, Traditionen usw. durch die Vernunft, oder vielmehr seit der Popularisierung dieser Situation im 19. Jahrhundert mit ihrem Vordringen des Atheismus, der wissenschaftlichen und pseudo-wissenschaftlichen Bibelkritik usw. in breite Kreise. Die Abwendung der verschiedenen sozialen Gruppen von ihrer Bindung im traditionellen Christentum — von den Intellektuellen über die Arbeiter bis zum nationalisierten Mittelstand der „Weltanschauungen" — ist meist mit der Übernahme solcher kritischen Aufklärungspositionen verbunden gewesen. In dieser Situation wird „Christentum" ein Bekenntnis zu bestimmten bewußtseinsgegenständlichen Aussagen, wird die christliche Lehre als „Gegenwahrheit" formuliert und muß als solche im Bewußtsein gewählt werden, wird daher sehr leicht auch selbst zur „Weltanschauung", d. h. zu einer Gegentheorie der Welterklärung, Handlungsformulierung usw. rationaler Art gegenüber den anderen rationalen Ideologien. Diese Stufe des Glaubens ist jedenfalls die eines bewußten Bekenntnisses zu einem System fester Wahrheiten in Form gegenständlich-eindeutiger, im Bewußtsein objektivierter Aussagen.

Wie in der Philosophie oder in der Staatslehre, so hat auch im Religiösen diese feste und gegenständlich-eindeutige Wahrheitsaussage einen relativ kurzen Bestand gehabt. Indem man die religiösen Wahrheiten — wie die philosophischen oder politischen — zu Gegenständen des Bewußtseins machte, überlieferte man sie dem *Medium der Reflexion.* In der Philosophie ist die damit verbundene Veränderung der Wahrheitsstruktur sehr schnell erreicht worden: die schlichten Aussagen der „Vernunftwahrheiten“ bei Locke, Hume, Wolff, Thomasius usw. sind von der Reflexionssteigerung des späteren Idealismus sehr bald zerstört worden. Schon bei Fichte oder Hegel war es klar, daß es keine eindeutigen, festen Sätze als Wahrheiten gibt; „die Wahrheit ist das Ganze“, der Reflexion nämlich, die im Kreise oder in unendlicher Iteration verläuft, sich jedenfalls dauernd durch die Wahrheit der Widersprüche hindurcharbeitet. Ebenso ist es mit den „Wahrheiten“ des sozialen Lebens, der Politik gegangen: der Relativismus der Wissenssoziologie sorgte als letzter für die Anerkennung der Gegensätze auf diesem Gebiet. Die „Naturrechte“, so sehr sie auch heute wieder gesetzt werden sollen, sind nicht mehr auf Aussagekataloge zu ziehen. Die Situation, daß es Gegensatzpaare oder -systeme von Wahrheiten gibt, bei denen schlicht die eine Seite wahr, die andere falsch ist oder genannt werden kann, ist vorbei. Diese Art geistiger Entscheidungen als „Glauben“ zu bezeichnen, ist inferior geworden, auch in der Religion. Die *Dauerreflexion,* die dauernde Steigerung des Bewußtseins in sich selbst, hat diese Form der Wahrheit aufgelöst. Das gilt auch für die religiösen Wahrheiten, sofern sie diesen gegenständlich-eindeutigen Aussage-Charakter angenommen hatten.

Die epochale Form der jeweiligen Rationalität, der jeweilig erreichten Bewußtseinshelligkeit und -stufe, stellt aber auch die jeweils höchste Form dar, in der die „Offenbarung“ in das Bewußtsein eingeht. Die „Offenbarung“ macht heute ihren Gültigkeitsanspruch in Form der Dauerreflexion geltend. So kommt es, daß die religiösen Wahrheiten der Bibel, der Kirchenväter und Reformatoren — ohne daß dadurch der von der Bewußtseinsform ihrer Rezeption unabhängige Heilsinhalt der Offenbarung in Frage gestellt würde — heute nur in hoher und permanenter Reflexion — historischer, philosophischer, anthropologischer, existenzieller, dialektischer, analytischer usw. — zu realisieren sind. Von dieser Dauerreflexion, in der der moderne Glaube lebt und die von den eindringlichsten und realitätsnächsten Christen und gar schon Theologen dauernd geübt wird — denn keiner von ihnen glaubt die biblischen Aussagen noch als schlichte Fakten oder unmittelbar als gegenständlichen Wortgehalt, alle „deuten“ im Medium der Reflexion —, gibt man sich bis jetzt systematisch wenig Rechenschaft.

V. „Konfessionen" - Versuche zu Sinngebung, Selbstverwirklichung und Weltbewältigung

Dieser Teil zeigt ohne Systematisierungsabsicht verschiedenartige Ansätze religiöser/ideologischer Überlegungen und Einstellungen. An den Materialien dieses Teiles können die Thesen über Religion und Ideologie überprüft und die institutionellen und gesellschaftlichen Auswirkungen dieser Ansätze überdacht werden.

ARTHUR SCHOPENHAUER

Vernunft und Glück

Als die oberste Regel aller Lebensweisheit sehe ich einen Satz an, den Aristoteles beiläufig ausgesprochen hat in der „Nikomachäischen Ethik" (VII, 12), ... deutsch ... etwa: „Nicht dem Vergnügen, der Schmerzlosigkeit geht der Vernünftige nach". Wäre dieser Weg nicht der richtige, so müßte auch Voltaires Ausspruch: „Le bonheur n'est qu'un rève, et la douleur est réelle" so falsch sein, wie er in der Tat wahr ist ... Unter „glücklich leben" [ist] nur zu verstehen ... „weniger unglücklich", also erträglich leben.
Kommt zu einem schmerzlosen Zustand noch die Abwesenheit der Langeweile, so ist das irdische Glück im wesentlichen erreicht: denn das übrige ist Schimäre ... Der Tor läuft den Genüssen des Lebens nach und sieht sich betrogen: der Weise vermeidet die Übel ... Denn um nicht sehr unglücklich zu werden, ist das sicherste Mittel, daß man nicht verlange, sehr glücklich zu sein.
[Es] sollte uns die Überlegung stärken, daß jeder Mensch gar vielen und großen Zwang von außen zu erdulden hat, ohne welchen es in keinem Leben abgeht, daß jedoch ein kleiner, an der rechten Stelle angebrachter Selbstzwang nachmals vielem Zwang von außen vorbeugt . . . Daher also ist Tätigkeit, etwas treiben, wo möglich, etwas machen, wenigstens aber etwas lernen, zum Glück des Menschen unerläßlich: seine Kräfte verlangen nach ihrem Gebrauch, und er möchte den Erfolg desselben irgendwie wahrnehmen.

MILAN MACHOVEC

Sinngebung durch den Menschen selbst

Dadurch, daß wir leben, erfüllt sich der Sinn des Lebens, nicht dadurch, daß wir nur darüber nachdenken. Das Leben erlangt seinen immer höheren Wert dadurch, daß wir arbeiten, schöpferisch tätig sind, kämpfen und lieben . . . Das menschliche Leben hat also dann einen Sinn, wenn der Mensch in der Lage ist, ihm einen solchen zu geben. Mehr wollen wäre Fiktion, Idealismus und Selbsttäuschung.

MIH. MARKOVIĆ

Selbstverwirklichung

Der Höhepunkt des Lebens, das höchstmögliche Maß des Daseins ist charakterisiert durch ein Gefühl der Fülle, der überströmenden Macht, der Offenheit für andere, die Nähe zu ihnen; man spürt, daß man die gesteckten Ziele erreicht hat, man erlebt zugleich die volle Selbsterfüllung und Selbstverwirklichung. Fülle und Reichtum dieses Erlebnisses sind so stark, daß das Nichts, die Leere, zeitweise völlig verschwindet. Vor der Liebe, dem schöpferischen Elan, der Entdeckung einer großen, bedeutenden Wahrheit, vor der Schönheit der Natur und der Kunst, dem Gefühl der Brüderlichkeit in einer menschlichen Gemeinschaft, die sich für ein gemeinsames Ideal engagiert — vor diesen Dingen verschwindet die Sorge, die Furcht vor dem Tode, die Langeweile und Leere, das Gefühl des Mangels und der Leere.

P. BRÜGGE

„Steigt aus!"

„Steigt aus! Macht euch illegal!" empfehlen soeben gegründete deutsche „Sektionen" der Yippie-Organisation „Youth international party". Jeder sei „sein eigener Anführer" und handle nach der Devise: „Alle reden vom Umsturz — wir nicht."

Statt des Systems verändere man radikal sich selber — ein betörender Ausweg aus dem Leistungsdruck, der kleinbürgerlichen wie globalen Tristesse der siebziger Jahre. Er lockt wie eine Droge. Und Drogen führen zu ihm hin.

Gebrannte Kinder und richtungslose Schwärmer, die Sensibelsten und Hehrsten, Neurotiker, auch Schelme sehen die einzig noch sinnvolle Tat darin, nichts zu tun, was die Gesellschaft erwartet. Keine Leistung mehr, kein sogenannter Konsum. Sie suchen alle in derselben Richtung — nach einer neuen Rolle außerhalb der alten Gesellschaft.

Ein Frankfurter Metallarbeitersohn, der sein eigener Anführer wurde, sich Robinson nennt und bedürfnislos, mietfrei, ohne jede Arbeit mit Gleichgesonnenen ein geräumtes Haus bewohnt, benutzte die roten Fahnen von ehemals zur Verkleidung seiner Klause. Dies Leben endlich, sagt er, sei „der volle Hammer".

„Revolution? Quatsch und vorbei!" so Raymond Martin, 19 Jahre, ein maßgeblicher Mann für die Szene weit um Nürnberg. „All die Revolution-Jetzt!-Schreier, Apo-Aggressoren, Terroristen und Mode-Maoisten" sollten von ihm und seinen amerikanischen Underground-Lehrmeistern erfahren, wie man, vorerst, Revolution mit sich selber macht: „stoned", frei von Zwängen und Gewalt, naturgerecht ernährt („Du bist, was du ißt") und voller, voller Liebe.

Die Ausgestiegenen sagen, es geht. „Shit" und „Trips" (Hasch und LSD) öffneten die Türen, die ins Freie führen. Sie förderten den leichten Mut hindurchzugehen.

„Turn on, tune in, drop out“, predigte der auch der deutschen Scene heilige amerikanische Drogenanwalt Timothy Leary — zu deutsch: Öffne deine Sinne (mit Drogen), stimm dich ein (auf ein neues Bewußtsein), steig aus. Das schlägt schneller an als der Glaube an eine ferne Revolution oder die Knochenarbeit für millimeterweise System-Reformen.

L. WEINSHEIMER

„Deshalb igeln wir uns ein“

Sie rennt abends die letzten hundert Meter von der U-Bahn-Station bis nach Hause — die Straßen von Berlin-Kreuzberg machen ihr ein bißchen Angst. Aber ihre Eile hat noch einen anderen Grund: „Ich freue mich so auf zu Hause, daß ich ganz schnell laufen muß.“ Dirk ist meist schon da, wenn sie kommt. Er hört das Geräusch ihrer Absätze auf dem Pflaster, und er sagt: „Das rührt mich jeden Abend.“ Wenn sie „zu Hause“ sagen, sind Stolz und Zärtlichkeit in den Stimmen von Mona und Dirk, als ob es um einen schicken Bungalow ginge oder um ein Dachgarten-Appartement in einem Hochhaus.

Die ehemaligen Gymnasiasten Dirk, 18 Jahre alt, und Mona, 19 Jahre alt, ausgewandert aus Gesellschaft, Familie und Tradition, „weil wir versuchen wollen, nach unseren Vorstellungen zu leben“. Dramatische Zerwürfnisse mit der Umwelt? Dirk winkt ab. Leute wie er ... gehen ruhig und bewußt weg, wenn sie erkennen, daß es an der Zeit ist, selbständig zu werden, wenn ihnen klar wird, „daß Elternhaus und Selbständigkeit einander permanent behindern“.

Das Heim der jungen Leute ist ein Hinterzimmer zum Hof mit vernagelten Fenstern, mit selbstgezimmerten Bücherregalen, mit einem tropfenden Wasserhahn, mit Fernsehapparat, Plattenspieler, Bett, Kochgerät, Tisch, drei Stühlen und mit einem Ofen, der viel qualmt und wenig wärmt.

Das Haushaltsgeld verdient Mona als Büroangestellte, Dirk besucht eine renommierte Photo-Fachschule.

Manchmal bringt auch er Geld mit nach Hause, „wenn häßliche, bürgerliche Puten Porträts von sich machen lassen und die nett bezahlen“. Seine Photoausrüstung, selbst verdient, kann sich sehen lassen. In der Schule, da packt ihn oft der Zorn, „wenn die albernen Snobs ihre Superkameras so lässig schlenkern und auf diese Weise mit ihren reichen Vätern prahlen“.

Dirk prahlt mit anderen Dingen: mit seinem Mut zur Unbürgerlichkeit, mit seiner Distanz zu Rudi Dutschke. „Ich bin natürlich nicht gegen ihn, aber er ist doch bereits selbst ein Etablierter, ein Wilmersdorfer ohne Kontakt zu den Arbeitern in Kreuzberg und im Wedding. Recht hat er mit seinen Aufrufen zur Bewußtwerdung! Nur mir kann er nichts mehr geben, ich habe das für mich bereits bewußt vollzogen.“

Dirk ... : „Wir sind frei und leben zusammen. Wir tun etwas, wovon die Generation unserer Eltern und Großeltern manchmal heimlich geträumt hat. Vor dreißig Jahren wäre das nicht nur unmöglich, sondern auch undenkbar gewesen. Heute ist

es nicht mehr unmöglich, weil es denkbar geworden ist." Mona ... : „Aber die Alten und auch manche Jungen und Mädchen in unserem Alter machen sich eine völlig falsche Vorstellung von unserem Leben. Wir werden entweder verachtet oder wie sündige Weltwunder bestaunt. Unser Leben ist nicht sündig, nicht romantisch, sondern hart und nüchtern."
Dirk ... siedelt sich selbst im Niemandsland an, zwischen Marx, Marcuse und Dutschke. Die Dutschke-Generation, sagt er, sei nicht seine Generation: „Die sind fast alle zehn Jahre älter, zehn Jahre erfahrener, zehn Jahre routinierter als wir ..." Jugendklubs und Jugendlokale seien besetzt von Etablierten mit und ohne Krawatte, denen Protest zur attraktiven Masche geworden ist. „Leute wie ich fühlen sich dort fremd. Deshalb igle ich mich in Kreuzberg ein und protestiere auf meine Weise gegen die Gesellschaft."
Wenn sie Geld hätten, würden sie beide studieren ..., er Germanistik, sie Medizin. Die Photolehre ... würde er gern abbrechen, vertagen, wenn er noch mal zur Schule gehen könnte, um das Abitur nachzuholen. „Mein Vater hatte recht, ich hätte nicht von der Schule weglaufen sollen."
Mona will sich ... Märchenbücher kaufen, alle, die sie als Kind besaß und die sie drüben lassen mußte bei der Flucht. Vergnügt und unsentimental ist dieser Ausflug in Wunschträume, ohne jede Wehleidigkeit: „Wir zahlen für unsere Freiheit mit dem Verzicht auf diese schönen Dinge." Dirk sagt das und albert mit dem nächsten Satz sofort gegen das Feierliche an: „Tolle Leute sind wir, oder etwa nicht?"

THE BEATLES

„Liebe ist genug" (All You Need Is Love)

Liebe, Liebe, Liebe, Liebe, Liebe, Liebe.
Liebe, Liebe, Liebe.
Nichts gibt's da, was du tun kannst, das nicht getan werden kann.
Nichts, was du singen kannst, kann nicht gesungen werden.
Nichts, was du sagen kannst, doch du kannst
lernen, so zu tun als ob. Ganz einfach!
Nichts gibt's da, was du machen kannst, das nicht gemacht werden kann.
Niemand, den du retten kannst, der nicht gerettet werden könnte.
Nichts was du tun kannst, doch du kannst lernen,
zur rechten Zeit du selbst zu sein. Ganz einfach!
Liebe ist genug. Liebe ist genug.
Liebe ist genug, Liebste.
Denn mehr brauchst du nicht.
Liebe, Liebe, Liebe. Liebe, Liebe, Liebe.
Liebe, Liebe, Liebe.
Liebe ist genug. Liebe ist genug.
Liebe ist genug, Liebste; denn mehr brauchst du nicht.

Nichts gibt's da, was du wissen kannst, das nicht bekannt ist.
Nichts, was du sehen kannst, das sich nicht längst gezeigt hat.
Nirgends kannst du sein, wo du nicht sein sollst.
Ganz einfach!
Liebe ist genug. Liebe ist genug.
Liebe ist genug, Liebste; denn mehr brauchst du nicht.
Liebe ist genug. (Los, ihr alle jetzt)
Liebe ist genug. (Alle sag' ich)
Liebe ist genug, Liebste; denn mehr brauchst du nicht.

THE BEATLES

„Revolution"

Du sagst, du willst 'ne Revolution.
Weißt du, wir alle wollen diese Welt verändern.
Du sagst mir, das sei Evolution.
Weißt du, wir alle wollen diese Welt verändern.
Doch wenn du von Zerstörung redest,
ach weißte, auf mich brauchst du dann nicht zu zählen.
Ach weißte, es kommt schon irgendwie hin, schon hin, schon hin, schon hin.
Du sagst, du hast eine Lösung in Händen.
Weißt du, wir alle würden den Plan gern beäugen.
Du bittest mich, ich soll was spenden.
Weißt du, wir tun ja schon, was wir vermeugen.
Doch wenn du Geld für Leute haben willst, die hassen,
kann ich nur sagen: Bruder, ich muß dich warten lassen.
Ach weißte, es kommt schon irgendwie hin, schon hin, schon hin, schon hin.
Die Verfassung scheint dir änderungsbedürftig.
Weißt du, wir alle wollen das Kommando korrigier'n.
Du sagst, es sei die Einrichtung an sich.
Weißt du, befrei doch lieber mal dein eigenes Hirn.
Und wenn du Bilder schleppst von Steuermann Mao,
dann schaffst du's wohl mit keinem oder sonst da wo.
Ach weißte, es kommt schon irgendwie hin, schon hin, schon hin, schon hin.

HARVEY COX

Experimente mit neuen Gemeinschaftsformen

Auch heute beobachten wir wieder die allmähliche Entstehung von Experimenten neuer Gemeinschaftsformen. Überall tauchen Kommunen und Kooperative auf. Dieses neue Ringen zeigt, wie der Mensch von heute die alte Suche nach dem

Transzendenten, nach der neuen Zeit, der gesegneten Gemeinschaft vollzieht. Insofern stehen die, die heute geduldig nach neuen Formen menschlicher Gemeinschaft in Schulen, in Slums, in den Häusern und unter den Völkern suchen, in einer langen Tradition. Ich spreche jetzt nicht von der Tradition der Flüchtlingskolonien und Einwanderergruppen, die von jeher den Stammesverband hinter sich ließen und aus welchen Gründen auch immer davon abgesplittert sind. Solche Gruppen gibt es auch sonst. Die, die ich meine, gehören in die ehrwürdige Gesellschaft derer, die zwar mit dem Zustand der Gesellschaft tief unzufrieden sind und sich mindestens teilweise von „der Welt" abwenden, um ein neues Gemeinschaftsunternehmen zu gründen, aber doch nie ihre Verantwortung für das Ganze leugnen. Sie mühen sich um Modelle, von denen andere lernen können. ...

Darüber hinaus müssen Modellgemeinschaften einen Weg finden, ihre Beziehung zum Ganzen so in den Griff zu bekommen und so zu symbolisieren, daß sowohl der anmaßend entsagende Rückzug („ich bin menschlicher als du") vermieden wird als auch die Unterwürfigkeit des Forscherteams, das sich nur so weit hinauswagt, wie es der Betrieb erlaubt. An dieser Stelle ist das mönchische Modell, bei dem die Einheit des Christentums als einigendes Thema wirkte, hilfreicher als das extreme protestantische Sektendenken, auf Grund dessen gelegentlich jede schismatische Gruppe behauptete, ausschließlich die vera ecclesia Christi darzustellen. Was wir brauchen, ist eine Theologie der politischen Phantasie, die den Konflikt, die unbeugsame Kritik, radikal verschiedenartige Werte und ganz unterschiedliche Gemeinschaftsformen fordert, da sie unter Umständen alle miteinander dem Wohl des Ganzen dienen. Diese Sicht muß bis zu einem gewissen Grad von den höchst verschiedenartigen experimentellen Gemeinschaften selbst geteilt werden wie auch von der „ordentlichen" Zivilisation, zu der sie immer noch gehören.

Schließlich kann es heute nötig sein, daß utopische Experimente nur einen bestimmten Aspekt im Gesamtleben einer Gesellschaft erneuern. Sicher vermögen manche sich noch immer ganz und gar auf totale Kleingemeinschaften einzulassen, bei denen Ausbildung, Gottesdienst, Arbeit und Spiel eingeschlossen sind. Die meisten aber werden einen Teil ihres Lebens in der „ordentlichen" Welt der Fakten und der „Durchführbarkeit" leben und werden mit der ständigen Verleiblichung der politischen Phantasie in einem oder zwei Bereichen des Lebens beschäftigt sein — sei es in der Freizeit, im Wohnbereich, in der Arbeit, in Politik, Schule oder Gottesdienst. Diese Forderung ergibt sich aus der multiplexen Struktur unserer urbanen Gesellschaft. Wir werden in eine derartige Vielfalt funktionaler Beziehungen verwickelt — in Schule und Klub, im Geschäft oder zu Hause —, daß wir vielleicht sogar ganz radikal in einer Richtung experimentieren können, ohne warten zu müssen, bis die andern auch mitmachen. Dadurch gelingt es Visionären, ihre Phantasien in einem Bereich zu entwerfen und auszudrücken, ohne das Gefühl zu haben, gleich alles ändern zu müssen. Ein Mensch kann sich an einem völlig neuartigen, bildungsmäßigen, familiären oder wohnungsmäßigen Konzept beteiligen, ohne daß er deswegen seine Beziehungen zur Elektrizitätsgesellschaft oder zur Stadtverwaltung abbrechen muß.

HERMANN LÜBBE

Neoreligiöse Formen in der modernen Jugendbewegung

Die neue Jugendbewegung scheint um ein neues Element reicher geworden zu sein. Von Kalifornien bis nach Berlin gibt es Anzeichen einer neuen religiösen Welle ... Nicht diese Generation, aber doch Angehörige dieser Generation befinden sich auf der Suche nach einer heilen Welt, die die moderne Gesellschaft offensichtlich nicht ist. Die Schönheit des einfachen Lebens wird gegen die Häßlichkeit der verschandelten, ja verseuchten industriellen Umwelt aufgeboten; die Liebe gegen die menschlich verkrüppelten Antagonismen sozialer Konkurrenz, und die Freiheit des Spiels gegen die Zwänge des Leistungsprinzips. ...

Ironie [ist] unangemessen, und zwar deswegen, weil Ironie dem Ernst unserer gesellschaftlichen Situation nicht gerecht würde, mit der sich zu identifizieren einem wachsenden Kreis junger Bürger bis zur Hoffnungslosigkeit schwerfällt, so daß sie die Entlastungen erneuerter religiöser Kultur suchen. ...

Die kulturkritischen Beobachter der neuen Jugendbewegung reagieren auf ihre neoreligiösen Erscheinungsformen nicht selten mit Befremden. Befremdlich und überraschend kommt der religiöse Aufbruch für alle diejenigen, die die neue Jugendbewegung von ihrem ersten Auftreten in der Mitte der sechziger Jahre an für eine primär politische, kritisch-rationale, bei Vernunft und Fortschritt engagierte Bewegung gehalten haben. Man fragt besorgt: verleugnet, ja verrät die neue Jugendbewegung in ihrer religiösen Wendung nicht ihre ursprünglichen politischen Ziele? Ist es nicht schade um die politischen Potentiale, die, statt an der Basis praktisch zu werden, nun im religiösen Überbau sich verbrauchen?

Ich antworte auf solche Fragen mit einer Gegenthese. Die These lautet: Die neue Jugendbewegung war von Anfang an eine religiös motivierte Bewegung. Ihre politische Komponente ist damit nicht geleugnet oder auch nur in Frage gestellt. Aber die Motivation fürs politische Engagement war von Anfang an religiös strukturiert. Dazu gehört: das Leiden an der Welt, das heißt an der Gesellschaft im ganzen; die Suche nach einer Lehre, die auf alle Fragen nach unserem gesellschaftlichen Woher und Wohin Antwort gibt; die Identifizierung, das heißt die Entlarvung des letzten, altbösen Feindes, der sich dem eschatologischen Anbruch der neuen Welt entgegenstemmt; die Verdrängung der pragmatischen Vernunft durch den Fanatismus; die Unbelehrbarkeit durch den Widerspruch der Realität. Meine These ist: Die in solchen Strukturen der scheinbar zunächst rein politischen Jugendbewegung von Anfang an zugehörige religiöse Komponente tritt in dem neoreligiösen Aufbruch isoliert hervor. Indem so das religiöse Moment sich verselbständigt, verändern sich auf der anderen Seite auch die politischen Verhaltensmuster. Diese verlieren den Glanz euphorischer Anarchie. Man wird diszipliniert; man schließt sich den etablierten radikalen Parteien an; man übt sich in der Askese der Linientreue und man bekämpft bei sich und bei anderen die nach aller historischen Erfahrung stets in der Linksabweichung endende politische Selbstüberschätzung der Intellektuellen.

GEORGE HARRISON

„My sweet Lord"

My sweet lord, — my lord
I really want to see you;
know you;
Really want to be with you.
go with you.
Really want to see you, lord — but it takes so long, — my lord. —
Really want to show you, lord — that it won't take long, — my lord. —
My sweet lord, — my lord
— my lord —
I really want to see you.
Really want to see you.
Really want to see you.
Really want to see you.
But it takes so long, my lord.
My sweet lord, — my lord.
my my — my lord, my sweet lord.
Hare Krishna
Krishna, Krishna
Hare Hare
Hare Rama

Exkurs SIGURD MARTIN DAECKE

*Für und wider die Jesus People-Bewegung *)*

1. Bei der *Jesus People*-Bewegung handelt es sich offensichtlich um eine wirkliche *Erweckungsbewegung*, um ein religiöses Ereignis ersten Ranges; theologisch gesprochen: Wenn man für frühere Erweckungen, beim Pfingstereignis angefangen, in Anspruch nimmt, daß Gott dort gehandelt habe, dann kann man es hier nicht leugnen. Was charakterisiert diese Erweckungsbewegung?

1.1. Bisherige Erweckungen waren immer regional begrenzt, erst nach längeren

*) Über die Jesus-People-Bewegung geben zwei neue Bücher Auskunft, deren Material auch diesen Thesen zugrunde liegt: Eine unkritische, aber nicht propagandistische Selbstdarstellung der Bewegung gibt der Jesus People Report, R. Brockhaus-Verlag (in Zusammenarbeit mit den Verlagen R. Kühne und Oncken), Wuppertal 1971. Neben einer Reportage und Originaltexten sind auch kritische Beiträge enthalten in: Jesus People oder die Religion der Kinder, Claudius Verlag, München 1972.

Zeiträumen und nach ihrer Institutionalisierung breiteten sie sich teilweise international aus. Diese Erweckung aber hat in vier Jahren die ganzen Vereinigten Staaten und Mitteleuropa, also fast die gesamte protestantische Welt überzogen. Natürlich ist das auch den Massenmedien und Verkehrsverbindungen zu verdanken, die die Welt klein machen. Aber immerhin handelt es sich um die erste von Anfang an weltweite Erweckung.

1.2. Es ist die erste Erweckungsbewegung dieses Jahrhunderts, die solche Dimensionen hat; das erste religiöse Ereignis dieses Jahrhunderts, das von der gesamten säkularen Welt aufmerksam zur Kenntnis genommen wird.

1.3. Beachtlich ist, daß diese Erweckungsbewegung nicht wie frühere im wesentlichen mittlere und ältere Jahrgänge ergreift, sondern ausschließlich die Jugend, und zwar — neben kirchlicher Jugend (vgl. 2.1.1.) — gerade solche Gruppen, die der Kirche fernstehen.

2. Was spricht dafür, daß es sich wirklich um eine *echte* Erweckungsbewegung handelt?

2.1. Die spektakulären Missionserfolge in aller Welt. Alle — wenn auch differierenden — Schätzungen sind sich einig, daß es mehrere Millionen *Jesus People* allein in den USA gibt. Das Buch des People-Pastors David Wilkerson hat inzwischen eine Auflage von 6 Millionen erreicht.

2.2. Medizinisch unerklärbar sind die plötzlichen Befreiungen von der Rauschgiftsucht, die ohne Entziehungskur und ohne die üblichen Entziehungserscheinungen vor sich gehen. Natürlich gibt es eine psychologische Deutung, aber keinerlei Beispiele dafür außerhalb der *Jesus People*-Bewegung, die selbst bei dieser psychologischen Deutung der Befreiung von der Drogenabhängigkeit einmalig dasteht. Süchtige werden geheilt, *drop-outs* bekehrt, an Sinnlosigkeit und Einsamkeit Verzweifelnde werden gläubig. Zwar sind längst nicht alle, nicht einmal die meisten *Jesus People* ehemalige Fixer aus der Drogenszene — diese spektakuläre Seite wird nur von den Massenmedien so stark betont —, aber offensichtlich gibt es dort so etwas, was man als Bekehrungs- und Heilungs*wunder* bezeichnen kann.

2.3. So ambivalent die rigorose Moral der *Jesus People* ist — hier ist eine neue Gesetzlichkeit und eine Rückkehr zur *law and order*-Ideologie festzustellen —, so ist die Abkehr von Drogen, Alkohol, Tabak, vor- und außerehelicher Sexualität, sind Konsumverzicht und Askese doch auch positive Zeichen einer Bekehrung.

2.4. Das erlöste Aussehen, das Nietzsche bei den Christen vermißte, findet sich offenbar bei den *Jesus People*. Der sicher unvoreingenommene USA-Fernsehkorrespondent Wolf von Lojewski berichtet vom „seltsamen Strahlen" auf ihren Gesichtern, von einer Art Verklärtheit. „Vom seltsamen Leuchten sprechen die, die der Bewegung nahestehen, vom Ausdruck kindlichen Gemüts sprechen andere. Aber beide Gruppen sind sich einig: Irgend etwas ist mit den Gesichtern der *Jesus People*, etwas, woran man sie erkennen kann" (Jesus People oder die Religion der Kinder, S. 36).

2.5. Die *Religion* lebt in dieser Bewegung wieder. Die Rede vom Ende der Religion, vom Beginn des nichtreligiösen Zeitalters, von der völlig säkularisierten Welt, die noch vor wenigen Jahren eine unbestrittene Selbstverständlichkeit zu sein schien, ist damit fraglich geworden. Man kann die Bewegung als einen Gegenschlag gegen die Säkularisierung verstehen.

2.6. Auch *Jesus* lebt in dieser Bewegung wieder. Die Parole „Gott ist tot" ist durch den Ruf „Jesus lebt" verdrängt und überholt worden. Der Glaube kann darin einen Machterweis Jesu, des (wieder) lebendigen, präsenten Herrn sehen.

2.7. Immerhin hat diese Bewegung in die erstarrte kirchliche Frömmigkeit Bewegung gebracht. Sie hat etwas erreicht, was weder der traditionellen, in Kult und Dogma verknöcherten Kirchlichkeit noch der modernen, weithin intellektualistisch blutleeren Theologie gelungen war.

2.8. Das mag daran liegen, daß die Frömmigkeit sich hier spontan ausdrückt, während sie in der Kirche liturgisch kanalisiert wird, und daß hier neben dem Rationalen das *Emotionale* zur Geltung kommt. Bild, Farbe und Symbol gewinnen im Ganzheitserlebnis des Glaubens neue Bedeutung (Horst Bürkle), die festliche Feier (Harvey Cox) tritt wieder an die Stelle der steifen liturgischen Feierlichkeit.

Was dagegen spricht

1. Auch dem Nicht-Marxisten, der die Religionskritik von Karl Marx für falsch hält, bietet sich die Religion der *Jesus People* geradezu an, um als Beweis für die Marx-These von der „Religion als Opium des Volkes" zu dienen: Jesus macht — so heißt es — ebenso oder noch mehr *high* als die Droge, das Glaubenserlebnis sei der beste Trip. „Jesus ist ... ein Liebhaber, er macht *high* ... Jesus ist der neueste Schrei. Er ist die Sache (!), die ‚in' ist" (Jesus People Report, S. 54). Ist hier nicht die Religion, analog zum „Opium des Volkes", Hasch und Heroin des Jesus-Volkes? Der Theologe, der glaubte, daß die Marxsche Religionskritik durch die theologische Arbeit der letzten Jahrzehnte seit Karl Barth gerade widerlegt sei, empfindet die Religion der *Jesus People* als Eigentor der Christen in der Auseinandersetzung mit der marxistischen und positivistischen Religionskritik.

1.1. Zwar löst der Jesus-Glaube die Droge ab, wirkt aber auch selber wie die Droge. Glaube ist hier nicht nüchtern, sondern rauschhaft. Jesus und die Droge scheinen im Prinzip auf einer Ebene zu liegen und nur quantitativ unterschieden zu sein: „Es ist nur ein schmaler Graben zwischen der Drogenreligion und unseren gebräuchlichen religiösen Formen. Die Drogenkultur glaubt an etwas, das man nicht fühlen oder berühren kann, ebenso die traditionelle Religion" (Jesus People Report, S. 51: die Äußerung nicht etwa eines Kritikers, sondern eines Anhängers der *Jesus People*-Bewegung!). Auch der ekstatisch-emotionale, antirationale und anti-intellektuelle Gottesdienst der *Jesus People* hat rauschhafte Züge.

1.2. Paulus dagegen tritt gegen ähnliche enthusiastische Phänomene zu seiner Zeit im Römerbrief für den „vernünftigen Gottesdienst" ein und verteidigt gegen die pneumatisch-ekstatische Religiosität den nüchternen, rational reflektierten und kontrollierten Glauben: „In der Gemeinde will ich lieber fünf Worte mit meinem Verstand reden, damit ich auch andere unterweise, als zehntausend Worte in Zungenrede. Ihr Brüder, ... im Denken ... werdet vollkommen!" (1. Korinther 14, 19 f.).

1.3. Wo Religion Rauschmittel, Drogenersatz ist, dient sie — wie Marx richtig sah — auch weiterhin nur dazu, wie vorher mit den Drogen den Schwierigkeiten dieser Welt, der Aussichtslosigkeit des Lebens zu entfliehen. Durch die Flucht in eine Scheinwelt bleiben die Probleme ungelöst. Echter Jesus-Glaube aber macht nicht *high*, sondern kritisch, ist nicht verantwortungsloser Rausch, sondern nüchterne Verantwortung, ist kein seliger Trip in den Himmel, sondern stellt Aufgaben auf der Erde.

1.4. Die religionskritische Opium-These von Marx behauptet, daß die Religion der Unterdrückung und Ausbeutung des Menschen durch die Herrschenden diene. Das religiöse Jenseits kompensiere die diesseitige Ohnmacht und verbräme sie ideologisch. Durch die vorgegaukelte jenseitige Erfüllung lenke die Religion wie das Opium die Menschen vom diesseitigen Elend ab und stabilisiere es dadurch. Indem die Religion dem religiös Befangenen suggeriere, die Verhältnisse seien nicht vom Menschen, sondern von einem Gott geschaffen und daher nicht zu ändern und nicht zu verbessern, halte sie den Menschen zur Passivität an (vgl. T. Koch, Revolutionsprogramm und Religionskritik bei Karl Marx, in: Zeitschrift für Theologie und Kirche 1/1971, S. 62).

1.5. Die Wirklichkeit der *Jesus People* unterstreicht diese Marxsche Religionskritik. Die *drop-outs*, die „Ausgeflippten", die an der Welt gescheitert sind, die sich *weder in* der Leistungsgesellschaft behaupten konnten, *noch* im Kampf *gegen* diese Gesellschaft die Welt verändern oder wenigstens eine Gegenkultur aufrichten konnten, die auch nicht stark genug sind, in Opposition zur Gesellschaft der Herrschenden zu stehen und die Revolution anzustreben, wie es die radikale Linke tut, die an der Welt Gescheiterten fliehen aus dieser Gesellschaft zunächst in den Drogenrausch, in den Drogen-Himmel, um die Welt zu vergessen und sich eine Traumwelt vorzugaukeln. Wenn solche Menschen dann in den Glaubensrausch, in den Jesus-Himmel fliehen, so ist Religion Kapitulation vor der Aufgabe, die Welt evolutionär zu verbessern oder sogar revolutionär zu verändern. Der Rückzug in die Innerlichkeit kann oft die Folge der Resignation vor der Weltverantwortung sein.

1.6. Seitens der *Jesus People* erfolgt weithin kein Protest gegen den gegenwärtigen Zustand der Welt und die Verhältnisse unserer Gesellschaft. Entweder bejahen sie sie, weil sie ihnen gleichgültig sind, oder sie trösten sich mit dem nahen Weltende, angesichts dessen sich ein Kampf gegen die Verhältnisse nicht mehr lohnt. Diese letztere Anschauung hat auch schon zur gesellschaftspolitischen Gleichgültigkeit des Paulus und der frühen Christen geführt (vgl. S. Schulz, Hat Christus die Sklaven befreit?, in EvKomm 1/1972, S. 15 ff.). Hier scheint Karl Marx mit seiner These recht zu haben, daß die Religion der Grund dafür ist, sich mit den gesellschaftlichen Verhältnissen abzufinden und sich nicht gegen sie aufzulehnen. Wenn es so ist, liegt es jedoch lediglich an der Religion der *Jesus People,* also dieser bestimmten Erscheinungsform der Religion, nicht jedoch an der Religion überhaupt oder gar am christlichen Glauben (auf das Problem der Unterscheidung von Glaube und Religion kann hier nicht eingegangen werden).

1.7. Zentraler Gegenstand der Religion der *Jesus People* ist natürlich Jesus. Wer aber Jesus für die *Jesus People* eigentlich ist, bleibt unklar. Jesus ist scheinbar unmittelbares personales Gegenüber („Jesus liebt dich", „Jesus ist ein persönlicher Freund, ein Liebhaber"), er ist persönlich anwesend (der Verantwortliche bei Veranstaltungen, für Planungen bis hin zur Zahl der Essensportionen, vgl. den „Jesus People Report"). Da theologisches Nachdenken abgelehnt wird, bleiben die wirren Vorstellungen über Jesus ungeklärt.

1.8. Deshalb hat der emotional-unreflektierte Glaube der *Jesus People* einen verschwommen mystischen Charakter und richtet sich auf einen undefinierbaren Gegenstand, der von fern an das „Numinose" Rudolf Ottos erinnert: „Fühle sie! Fühle die Stärke, die Intensität, die Macht ... ! Drücke sie und beobachte, wie sie durch deine Finger gleitet, um sich neu zu formen, stärker, größer, intensiver. Nimm sie in dir auf mit großen tiefen Atemzügen — reiner Sauerstoff, der in das Gehirn einströmt, der deinen Geist packt mit der ganzen Wucht eines Hurrikans; und der nach dem Sturm Frieden zurückläßt — oder Erschöpfung? — Das ist ein religiöses Phänomen, das plötzlich mit einer geheimnisvollen, charismatischen Einfachheit einbricht. Es erschreckt dich, denn du kannst es nicht verstehen oder mit deinem Verstand erklären ... Wenn du die jungen Leute vom Pazifik bis zum Atlantik siehst, die von derselben emotionalen Welle überspült werden — Mann, dann mußt du sie zur Kenntnis nehmen!" (Jesus People Report, S. 7).

2. Passivität und Gleichgültigkeit der *Jesus People* gegenüber Welt und Gesellschaft führen dazu, daß sie Objekt der Manipulation durch verschiedene Kräftegruppen werden. Die *Jesus People* lassen sich manipulieren 1. durch die Kirche, 2. durch die Gesellschaft, 3. durch die Massenmedien und 4. durch das *business.*

2.1. Die Manipulation durch die Kirche.

2.1.1. Die *Jesus People*-Bewegung ist nicht so spontan, nicht nur aus *underground* und Gegenkultur heraus entstanden, wie es in der Berichterstattung erscheint. Vielmehr ist sie weithin aus der Evangelisationsarbeit der fundamentalistischen, evangelikalen Kirchen hervorgegangen, sowohl in den USA als etwa auch bei der Berliner Gruppe des Pfingstgemeinde-Predigers Spitzer.

2.1.2. Von daher ist auch die Zustimmung aus traditionalistischen Kreisen der Kirchen zu erklären. Auf den ersten Blick überrascht sie, weil der äußere Gegensatz zu den kleinbürgerlichen Gemeinden auffällig ist. Aber die Gemeinsamkeiten sind schwerwiegender: Biblizismus, also wörtlicher, naiver Bibelglaube, Berufung auf einzelne Bibelsprüche, emotionale Frömmigkeit, Naherwartung, Anti-Aktionismus, Anti-Intellektualismus, Theologiefeindlichkeit, rigoroser Moralkodex, Gesetzlichkeit, autoritärer Aufbau der Kleingruppen, aber Ablehnung kirchlicher Institution.

2.1.3. Für die inzwischen in enger Kirchlichkeit erstarrten früheren Erweckungsbewegungen wie Pietismus und Pfingstgemeinde haben die *Jesus People* eine Entlastungsfunktion: Sie sehen in dieser Bewegung ihre eigene Jugend im 18. und 19. Jahrhundert wiedererstehen. Die *Jesus People* sind für die verkirchlichten Erweckungsbewegungen der lebendig gewordene Traum von ihrer Vergangenheit. Umgekehrt kann man in diesen kleinbürgerlich-restaurativen Gruppen die Zukunft der pseudorevolutionären *Jesus People*-Bewegung, die Tendenz ihrer Entwicklung erkennen.

2.1.4. Die Spaltung der Kirche, ihre Zersplitterung in Denominationen wiederholt sich bei den *Jesus People*, weil die Gegensätze bereits in den Keimen ihrer Entstehung aus der missionarischen Aktivität verschiedener Freikirchen enthalten sind (etwa Geisttaufe und Zungenrede als Kriterien). Es ist schon eine im Grunde unzulässige Pauschalisierung, von *den Jesus People* zu reden, weil die einzelnen Gruppen und Gemeinden sehr unterschiedlich sind, ja sich gegenseitig verdammen und verketzern.

2.1.5. Die *Jesus People* lassen sich auch durch ihre eigenen Anführer und Prediger manipulieren. Es gibt fast demagogisch erscheinende Evangelisationen, bei denen mit allen Kniffen psychologischer Massenbeeinflussung gearbeitet wird. Die „Gemeinde" wird oft zum Objekt der rhetorischen Künste des Predigers.

2.1.6. Weil kritisches Denken, ja sogar Information — etwa durch Zeitunglesen — weithin verpönt ist bzw. verurteilt wird, werden die *Jesus People* im Zustand der Unmündigkeit, ja der Hilflosigkeit und Infantilität und damit der leichten Manipulierbarkeit gehalten, auf eine frühkindliche Entwicklungsstufe (Dietrich Stollberg) zurückgedrängt: Objekt künftiger Manipulation durch jede sich als Vaterbild aufdrängende Führerpersönlichkeit, auch von weltlicher, zum Beispiel rechtsradikal-politischer Seite, zu der ohnehin eine gefährliche Affinität besteht.

2.2. Manipulation durch die Gesellschaft.

2.2.1. Die *Jesus People*-Bewegung ist kein Unikum, sondern lediglich Teil des allgemeinen politischen, gesellschaftlichen und religiösen *backlash*, der weltweiten Restaurationsbewegung, des Rechtsrucks und des Trends zum Konservativen hin.

2.2.2. Anzeichen für diese restaurative, reaktionäre Einstellung der *Jesus People* sind neben ihrem Anti-Aktionismus und Anti-Intellektualismus, neben ihrer biblizistischen Frömmigkeit und ihren gesetzlichen Moralvorstellungen vor allem ihre anti-emanzipatorische Haltung, die besonders deutlich wird an der nur dienenden Rolle, die bei ihnen — aufgrund der bekannten wörtlich verstandenen Paulus-Worte — weithin die Frau einnimmt.

2.3. Manipulation durch die Massenmedien.

2.3.1. Die *Jesus People*-Bewegung ist — nach einer Zeit der Unabhängigkeit in ihren Anfängen — heute das, was Presse und Fernsehen aus ihr gemacht haben. Sie ist ein Produkt der ausgedehnten Berichterstattung über sie. Sie ist von den Massenmedien nicht nur vermarktet, sondern wie ein Star sogar aufgebaut worden. Ohne die Massenmedien, die sich auf sie gestürzt haben, hätte sie nicht ihre jetzige Bedeutung und Verbreitung.

2.3.2. Die Bewegung ist nicht nur Objekt, sondern teilweise auch selber Subjekt dieses Publicity-Rummels. Manche ihrer cleveren Anführer haben die Bewegung nach allen Regeln der Werbung und des Marketings verkauft und so auch finanziert.

2.3.3. Daß es sich bei der *Jesus People*-Bewegung, ihrer Entstehung und Entwicklung gemäß, bloß um eine kurzlebige Mode handeln könnte, wird sogar von ihren Anhängern selbst eingeräumt: „Schau sie (die Bewegung) dir an! Sie ist groß, sie wächst. Vergiß, daß sie vielleicht nur von kurzer Dauer ist, vergiß das Morgen! Heute ist sie lebendig und vibriert!" (Jesus People Report, S. 10).

2.4. Manipulation durch das *business.* Die *Jesus People* lassen Geschäfte mit sich machen, aber sie machen auch selber Geschäfte.

2.4.1. Die — passive — Kommerzialisierung der *Jesus People* ist eklatant: von bedruckten Hemden und Posters über Jesus-Uhren mit dem roten Herz-Jesu und ähnlichen Pop-Devotionalien bis zum Showgeschäft mit Jesus-Musicals und Song-Platten, die bereits eine ganze Jesus-Diskothek füllen.

2.4.2. Die Existenz mancher Gruppen der *Jesus People,* die nicht arbeiten, sondern nur Bibelstudien treiben, beten und missionieren, wird durch Spenden finanziert und in den USA oft durch Unterstützung seitens auf *law and order* bedachter Geschäftsleute garantiert, die die friedlichen, mit der kapitalistischen Ordnung sich abfindenden *Jesus People* als Bollwerk gegen revolutionäre junge Linke betrachten. Die *Jesus People* meinen, durch den Verzicht auf die Sorge für den morgigen Tag frei und unabhängig zu werden — das Gegenteil ist der Fall. Daß die *Jesus People* sich damit von der gegebenen Ordnung, von den Geldgebern und ihren Interessen abhängig machen, spricht wie auch die drei anderen Weisen ihres Manipuliertwerdens für ihre Abhängigkeit von der herrschenden Gesellschaft, die von ihnen nicht in Frage gestellt wird.

Abschließende Bemerkung: Es soll hier nicht versucht werden, die beiden gegensätzlichen Reihen zu vereinbaren. Aber die negativen Feststellungen müssen nicht notwendig Charakteristikum der Jesus-Bewegung sein. Es sind lediglich Gefahren, die zwar zu beobachten sind, aber nicht wesensnotwendig zur Sache selbst gehören. Darum wird die Anerkennung durch die Kritik nicht aufgehoben, ebenso wie alle fragwürdigen Momente die Verkündigung Jesu und die offenkundigen Bekehrungen nicht verhindern können.

*

HANS ALBERT

Maxime des kritischen Rationalismus

Alle Sicherheiten in der Erkenntnis sind selbstfabriziert und damit für die Erfassung der Wirklichkeit wertlos. Das heißt: Wir können uns stets Gewißheit verschaffen, indem wir irgendwelche Bestandteile unserer Überzeugungen *durch Dogmatisierung gegen jede mögliche Kritik immunisieren* und sie damit *gegen das Risiko des Scheiterns absichern.* Eine solche Immunität ist zwar keine notwendige Eigenschaft bestimmter Bestandteile von Überzeugungen, wie das durch die Anwendung des Offenbarungsmodells auf erkenntnistheoretische Probleme suggeriert wird, aber sie ist durchaus herstellbar, wenn man bereit ist, dazu geeignete Verfahrensweisen anzuwenden. Es steht uns also frei, in dieser Weise zu verfahren. ... Die Einsicht, daß alle Gewißheit in der Erkenntnis selbstfabriziert, radikal subjektiv und damit für die Erfassung der Wirklichkeit ohne Bedeutung ist, daß man Gewißheit nach Bedarf *herstellen kann,* wenn man sich nur *entschließt,* die betreffende Überzeugung gegen alle möglichen Einwände zu *immunisieren,* stellt den

Erkenntniswert *jedes* Dogmas und den methodischen Wert *jeder* Strategie der Dogmatisierung in Frage....

Setzt man dagegen an die Stelle der Begründungsidee die *Idee der kritischen Prüfung*, der kritischen Diskussion aller in Frage kommenden Aussagen mit Hilfe rationaler Argumente, dann verzichtet man zwar auf selbstproduzierte Gewißheiten, hat aber die Aussicht, durch Versuch und Irrtum — durch versuchsweise Konstruktion prüfbarer Theorien und ihre kritische Diskussion an Hand relevanter Gesichtspunkte — der Wahrheit näher zu kommen, ohne allerdings jemals Gewißheit zu erreichen....

Ein *konsequenter Kritizismus*, der keinerlei Dogmen zuläßt, involviert dagegen notwendigerweise einen *Fallibilismus* in bezug auf jedwede mögliche Instanz. Während der klassische Rationalismus gewisse Instanzen — die Vernunft oder die Sinne — zu epistemologischen Autoritäten erhob und sie dadurch unfehlbar und damit kritikimmun zu machen suchte, weil sonst das Ziel der sicheren Begründung nicht erreichbar erschien, kann der kritische Rationalismus keiner Instanz mehr Unfehlbarkeit und damit das Recht der Dogmatisierung bestimmter Problemlösungen zugestehen. Es gibt weder eine Problemlösung, noch eine für die Lösung bestimmter Probleme zuständige Instanz, die notwendigerweise von vornherein der Kritik entzogen sein müßte. man darf sogar annehmen, daß Autoritäten, für die eine solche Kritikimmunität beansprucht wird, nicht selten deshalb auf diese Weise ausgezeichnet werden, weil ihre Problemlösungen wenig Aussicht haben würden, einer sonst möglichen Kritik standzuhalten. Je stärker ein solcher Anspruch betont wird, um so eher scheint der Verdacht gerechtfertigt, daß hinter diesem Anspruch die Angst vor der Aufdeckung von Irrtümern, das heißt also: die Angst vor der Wahrheit, steht.

LUDWIG MARCUSE

Skepsis und Agnostizismus

Der französische Erzähler Anatole France berichtet in seinen Erinnerungen, der erste Aufsatz, den er schrieb, habe den Titel gehabt: Was ist Gott. Die Mutter wollte, daß er ein Fragezeichen dahinter setze. Er weigerte sich — das sei keine Frage. Was Gott ist, sei bekannt. „Seit dieser Zeit", fügt er hinzu, „mache ich mehr und mehr Fragezeichen."

Die Anekdote enthält die Geschichte der Menschheit. Würde sie ihre Autobiographie schreiben, so müßte sie feststellen: es begann mit Sicherheiten (woher kamen sie?) — und wurde immer fraglicher, fragwürdiger ... Es ging nicht in der Richtung auf die große Lösung, eher von ihr hinweg. Die Geschichte des philosophischen Denkens ist ein Prozeß progressiver Skepsis gewesen. Friedrich Schlegel, am Ende dieses Prozesses, schrieb: „Mit dem Wissen nimmt das Nicht-Wissen in gleichem Grade zu, oder vielmehr das Wissen des Nichtwissens." ... Marx, der das Phänomen des Tragischen einmal untersuchte, als Lasalle ihm seine Tragödie zur Beurteilung sandte, schrieb: „Die Unwissenheit ist ein Dämon, wir

fürchten, sie wird noch manche Trauerspiele aufführen; mit Recht haben die größten griechischen Dichter sie in den furchtbaren Dramen der Königshäuser von Mykene und Theben als das tragische Geschick dargestellt."
Die Reihe der Skeptiker schrumpft zusammen, wenn man ihre heimlichen Gläubigen ausschließt. Man nennt besser die, welche Ernst machten und eine Antwort streng verboten: Agnostiker ... Bertrand Russell schenkte ihnen die beste Charakteristik: „Wahrheit ist nicht zu erlangen, außer wenn sie unwichtig ist."
Die Vernunft macht immer heller, in welchem Dunkel wir sind. . . Die Vernunft kommt nicht näher — aber stellt sich immer schärfer auf das Rätselhafte ein.

BERTRAND RUSSELL

Selbstachtung und Glaube

Wir wollen auf unsern eigenen Beinen stehen und die Welt offen und ehrlich anblicken — ihre guten und schlechten Seiten, ihre Schönheit und ihre Häßlichkeit; wir wollen die Welt so sehen, wie sie ist, und uns nicht davor fürchten. Wir wollen die Welt mit unserer Intelligenz erobern und uns nicht nur sklavisch von dem Schrecken, der von ihr ausgeht, unterdrücken lassen. Die ganze Vorstellung von Gott stammt von den alten orientalischen Gewaltherrschaften. Es ist eine Vorstellung, die freier Menschen unwürdig ist. Wenn man hört, wie sich die Menschen in der Kirche erniedrigen und sich als elende Sünder usw. bezeichnen, so erscheint das verächtlich und eines Menschen mit Selbstachtung nicht würdig. Wir sollten uns erheben und der Welt frei ins Antlitz blicken. Wir sollten aus der Welt das Bestmögliche machen, und wenn sie nicht so gut ist, wie wir wünschen, so wird sie schließlich immer noch besser sein als das, was die andern in all den Zeitaltern aus ihr gemacht haben. Eine gute Welt braucht Wissen, Güte und Mut; sie braucht keine schmerzliche Sehnsucht nach der Vergangenheit, keine Fesselung der freien Intelligenz durch Worte, die vor langer Zeit von unwissenden Männern gesprochen wurden. Sie braucht einen furchtlosen Ausblick auf die Zukunft und eine freie Intelligenz. Sie braucht Zukunftshoffnung, kein ständiges Zurückblicken auf eine tote Vergangenheit, von der wir überzeugt sind, daß sie von der Zukunft, die unsere Intelligenz schaffen kann, bei weitem übertroffen wird.

ALEXANDER MITSCHERLICH

Aggression und menschliche Zukunft

Die Kulturleistungen der großen Religionen nehmen sich aus wie der Diamant in der Kohlenhalde. An der vitalen Kraft, aus der Grausamkeit und Zerstörungslust leben, hat sich im Grundsatz nichts geändert. Unser Jahrhundert der Folter setzt mit neuem Schwung und ungeniert fort, worüber sich auch zuletzt das bürgerliche Jahrhundert in seinen imperialen Besitzungen nicht geschämt hat: den Stolz auf seine Brutalität.

Die Produktionskraft der Industriegesellschaften ist in wenigen Jahren schwindelhaft gestiegen. Aber auch das Ausmaß des Schreckens tat es. Es ist nicht mehr Not wie vor 30 Jahren, die neidisch, hämisch, unversöhnlich, boshaft machen müßte. Es ist überhaupt nicht nur die böse Gesellschaft, die uns da entfremdet.
Die Quellen der Aggression sind vielmehr Quellen, die in uns fließen, zu unserer Natur gehören.
Zu hoffen, daß wir von außen, von einem Heilbringer, von unseren Triebwünschen erlöst werden, ist leere Hoffnung. Wir können uns nur so weit frei oder unfrei fühlen, wie wir Kenntnis von uns selbst haben: nicht verklärte, sondern unbeschönigte Kenntnis. Zu dieser Einsicht gehört, daß wir in dauerndem Konflikt mit den Triebbedürfnissen, den Glückswünschen der anderen leben. Im besten Fall ist Kultur Anweisung zur Harmonisierung unserer Bedürfnisse. Dieser beste Fall ist selten. Erst wenn wir in uns erfahren haben, wie zäh wir an den Befriedigungen, die wir einmal kennengelernt haben, hängen, wie sehr uns der Sinn auch nach der kleinen Münze der Grausamkeit steht, können wir uns selbst Verzicht auferlegen.

H. ROBERT SCHLETTE

Agnostizismus und Zukunftsgestaltung

[Die] Überzeugung, die traditionelle metaphysische Frage nach der Existenz „Gottes“ sei heute nicht mehr fragbar und deswegen auch nicht mehr beantwortbar, ... entspricht ... exakt dem, was der Titel Agnostizismus bedeutet. Unter Agnostizismus verstehe ich, formal gesprochen, jene Position, die nicht nur hinsichtlich des philosophischen Gottesproblems, sondern grundsätzlich hinsichtlich aller metaphysischen Fragestellungen und Fragen keine Klarheit zu gewinnen vermag.
Die volle Säkularisierung führt in die Aporetik, in eine Lage, in der die fundamentalen Wahrheiten „abwesende“ sind, oder aber in den Agnostizismus in dem hier gemeinten Sinne. Diese Haltung erst befreit den Menschen zu sich selbst, weil sie den philosophisch unschlichtbaren Streit der Metaphysiken übergeht und dadurch in den Stand gesetzt ist, nunmehr auf einer neuen Ebene Toleranz zu üben und also jeden einzelnen seinen metaphysischen „pursuit of happiness“, seine Suche nach Glück und Heil für sich selbst und gewiß auch für andere — falls die Grundbedingung der Freiheit respektiert wird — zu lassen, ohne an der Wahrheit uninteressiert zu werden, ohne aber auch eine vermeintlich verbindliche Metaphysik gesellschaftlich und politisch durchsetzen zu wollen. Der Blick auf die Welt selbst, die Freiheit für das gemeinsame Handeln an der Welt und ihrer Zukunft, die Möglichkeit der Ordnung und Gestaltung der Gesellschaft sind — philosophisch betrachtet — erst auf dem Boden des Agnostizismus voll möglich und erreichbar.
Hier ist die Welt erst ganz entmythisiert. Nicht nur die Marxisten leben noch in ihren Mythen, auch die Positivisten, die die menschlichen Zustimmungen diskreditieren; dasselbe gilt für die Christen, die nicht mehr wissen oder nicht wissen

wollen, daß sie glauben. Die von Comte und Marx aufgeworfene Frage nach den Entwicklungsgesetzen der Geschichte wird durch den Agnostizismus keineswegs verschüttet, sondern im Gegenteil erst ermöglicht, insofern eine empirische, aber gleichwohl geschichtlich-evolutiv denkende Soziologie jetzt auch die inneren Zusammenhänge und Triebkräfte des menschlichen Voranschreitens ohne Rekurse auf metaphysische Erklärungsprinzipien und Hypothesen, ohne weltanschauliches Apriori zu interpretieren vermag. Geschichte wird erst jetzt ganz weltlich, geschichtlich, gesellschaftlich und ganz unmythisch und entdivinisiert betrachtet. Aber trotz dieser möglichen Beschreibung der Geschichte, trotz einer auf der Basis des aporetischen Humanismus möglichen Bestimmung der menschlich-gesellschaftlichen essentials bleibt ein weiter Freiheitsraum für die meta-philosophischen Auslegungen dieser Geschichte, so daß man also weiterhin Christ, Marxist, Buddhist, Muslim sein kann; ja dies kann man — ohne Exklusivität und Polemik gegenüber den anderen — erst auf der skizzierten agnostischen Basis wirklich sein. Und selbstverständlich bleibt auch Freiheitsraum für denjenigen, der keine Entscheidung zu fällen vermag und somit Agnostiker und in diesem Sinne nichts als Humanist bleiben will — eine Haltung, die große geistige Sensibilität erfordert und sicher nicht bequemer ist als die Haltung dessen, der seine Entscheidung stets neu zu verantworten gewillt ist.

Der Humanismus des aporetischen Agnostizismus kann als eine bloße philosophische Theorie neben vielen anderen erscheinen; darin liegt seine Schwäche insbesondere im Hinblick auf die konkrete, baldige Verwirklichung dieses Humanismus. Er scheint eine Sache der Intelligenz zu sein, nicht aber der Gesamtgesellschaft zumutbar.

ALBERT CAMUS

Pflichterfüllung als Sinngebung

Rieux hatten den Journalisten aufmerksam angehört. Ohne seinen Blick von ihm abzuwenden, sagte er sanft:

„Der Mensch ist keine Idee, Rambert."

Der andere sprang von seinem Bett herab. Sein Gesicht glühte leidenschaftlich. „Er ist eine Idee, und zwar eine kurzsichtige Idee, sobald er sich von der Liebe abwendet. Und gerade der Liebe sind wir nicht mehr fähig. Schicken wir uns darein, Herr Doktor! Warten wir darauf, es zu werden, und wenn es wirklich nicht möglich ist, warten wir auf die allgemeine Erlösung, ohne den Helden zu spielen. Ich gehe nicht weiter."

Rieux erhob sich, er schien plötzlich ermattet.

„Sie haben recht, Rambert, vollkommen recht, und ich wollte Sie um alles in der Welt nicht von Ihrem Vorhaben abbringen, das mir richtig und gut erscheint. Aber dennoch muß ich es Ihnen sagen: es handelt sich nicht um Heldentum in dieser ganzen Sache. Es handelt sich um Ehrlichkeit. Dieser Gedanke kann lächerlich wirken, aber die einzige Art, gegen die Pest zu kämpfen, ist die Ehrlichkeit."

„Was ist Ehrlichkeit?“ fragte Rambert mit unvermittelt ernstem Gesicht.
„Ich weiß nicht, was sie im allgemeinen ist. Aber in meinem Fall, das weiß ich, besteht sie darin, daß ich meinen Beruf ausübe.“
„Ah!“ sagte Rambert grimmig, „aber ich weiß nicht, welches mein Beruf ist. Vielleicht bin ich im Unrecht, weil ich die Liebe wähle.“
Rieux stellte sich gerade vor ihn hin.
„Nein“, sagte er mit Entschiedenheit, „Sie sind nicht im Unrecht.“
Rambert schaute seine Gäste nachdenklich an.
„Ich vermute, daß Sie beide nichts dabei zu verlieren haben. Es ist leichter, auf der guten Seite zu stehen.“
Rieux leerte sein Glas.
„Wir müssen weiter“, sagte er, „wir haben zu tun“.
Er ging hinaus.
Tarrou folgte ihm, schien sich jedoch beim Fortgehen anders zu besinnen, kehrte sich nochmals dem Journalisten zu und sagte:
„Wissen Sie eigentlich, Rambert, daß Rieux' Frau ein paar hundert Kilometer von hier in einem Sanatorium ist?“
Rambert machte eine überraschte Bewegung, aber Tarrou war schon verschwunden.
Am andern Morgen in aller Frühe rief Rambert den Arzt an:
„Wären Sie einverstanden, mich mit Ihnen arbeiten zu lassen, bis ich eine Möglichkeit gefunden habe, aus der Stadt herauszukommen?“
Am anderen Ende der Leitung entstand eine Pause, und dann:
„Ja, Rambert, ich danke Ihnen.“

J. SCHMANDT

Lösung der Menschheitsprobleme durch Wissenschaft und Technik

Eine zunehmend einflußreichere Gruppe in unserer Gesellschaft, die der Naturwissenschaftler und Ingenieure, pflegt ... optimistisch und fortschrittsgläubig zu sein. Nach ihrer Ansicht folgt aus dem Charakter einer wissenschaftlich-technischen Gesellschaft, daß sie für die Lösung neuer gesellschaftspolitischer Probleme auf die problemlösende Kraft von Wissenschaft und Technik vertraut. Diese Anschauung gründet in der Überzeugung, daß die meisten menschlichen, institutionellen und politischen Probleme rationaler Analyse zugänglich sind und daß solche Analyse, vorausgesetzt, es fehlt nicht an Zeit, Geld und scharfen Gehirnen, schließlich auch zu praktikablen Lösungsvorschlägen führt. Deshalb sehen die Wissenschaftler eher als Angehörige anderer Berufsgruppen in Wissenschaft und Technik den Motor sozialen Fortschritts. Die dieser Weltschau eigene Fähigkeit, komplexe Probleme auf quantifizierbare Sachverhalte zurückzuführen, gekoppelt mit der dem Wissenschaftler eigenen Tendenz, Probleme in einem größeren Zusammenhang zu sehen und mit Lösungsversuchen zu experimentieren, kann auf eine eindrucksvolle Erfolgsbilanz verweisen. Der Einfluß dieser Haltung im sozialen und politischen Bereich scheint stetig zuzunehmen und hat zweifellos in unzähligen Fällen zu versachlichenden, besser informierten und weniger ideologieverhafteten Lösungen beigetragen. Diese Art, Probleme anzupacken, hat die Gesellschaft ein weites, im großen und ganzen von ihr bejahtes Stück Weges gebracht.

FERDINAND VESTER

Freiheit durch Wissenszuwachs

Der größte Gewinn, den uns die Wissenschaft ... bringen kann, ist derjenige, daß sie uns aus der Unfreiheit der Ignoranz herauszuführen vermag, daß sie durch ihre Betrachtungsweise Denkfreiheit und Objektivität erhöht. So sinken ganz allgemein mit wachsendem Wissen die Chancen von Diktaturen jeder Art. Eine Förderung naturwissenschaftlich kritischen Denkens bereits in der Schule wird dazu führen, daß der Horizont der breiten Masse sich erweitern wird, eine Entwicklung, der wir alle Wege ebnen sollten. Denn mit wachsendem intellektuellen Niveau dürfte der Einfluß gewisser Organe und Kräfte, welche die Erweiterung des Horizonts jahrhundertelang zu verhindern wußten, dahinschwinden und eine gelenkte Irreführung der Massen immer schwieriger werden.

CARL-FRIEDRICH VON WEIZSÄCKER

Szientismus als Religionsersatz

Wissen ist Macht, und Macht sollte Verantwortung bedeuten. Daß uns aber die wissenschaftliche Erkenntnis zugleich mit der sittlichen Größe ausstattete, die wir brauchten, um diese Verantwortung zu tragen, das ist eine Hoffnung, der die Tatsachen nicht entsprechen. Ich glaube, wir müssen jetzt ohne Zweideutigkeit sagen: Wenn der Szientismus seine Hoffnung darauf setzt, die Wissenschaft werde uns aus ihrem eigenen Wesen heraus die nötige Leitung in den Angelegenheiten der Menschen geben, so ist er eine falsche Religion. Geht ein Glaube so weit, so ist er Aberglaube; die Rolle des Priesters steht dem Wissenschaftler nicht an, und die guten Wissenschaftler wissen das; das Verhaltensschema der Wissenschaft braucht den Hintergrund einer Ethik, die uns die Wissenschaft selbst nicht zu geben vermocht hat.

JEAN FOURASTIÉ

Wissenschaft und Zukunft

Die Gesellschaft von morgen wird von den Zeitläuften geprägt. Vor unseren Augen zeichnet sie sich allmählich ab, mit ihren Entwicklungsbewegungen, ihren Prozessen und den Modalitäten, die je nach Nation sehr verschieden sind; hier kommt es zur Revolution und kriegerischen Auseinandersetzung, dort sieht es so aus, als genüge die Evolution, die um so wirksamer ist, je freier und ruhiger sie verläuft. Indessen werden sich die wirtschaftlichen Verhältnisse auf der ganzen Erde einander angleichen, und es wird nur eine einzige menschliche Natur geben ... (Im Jahre 2500, vielleicht schon früher, wird das Übergangsstadium beendet sein, und diese Frist von 500 Jahren ist winzig ...) In dieser Frist von 300 oder 500 Jahren also, in dieser kurzen Zeitspanne, an deren Ende eine neue Ära anbrechen wird, wird der Mensch, wie vor 1750, wieder in wirtschaftlichen und technischen Verhältnissen leben, die auf der ganzen Erde dieselben sind. Wir können uns schon heute vorstellen, daß diese Verhältnisse von drei großen Faktoren gekennzeichnet sein werden:

1. Jeder Mensch wird ein biologisch vollständiges Leben leben.
2. Der Lebensstandard wird sehr hoch sein, die Arbeitszeit sehr kurz. Die primären (Ernährung) und die sekundären (Fertigwaren) Bedürfnisse werden wahrscheinlich so gut wie ganz befriedigt werden; nur die Dienstleistungen (besonders die persönliche Bedienung und Haushaltshilfe) werden rationiert bleiben, dies jedoch bei allgemein hohem Niveau und der Möglichkeit, auf zahlreiche Ersatzprodukte zurückzugreifen.
3. Das kulturelle Niveau wird in keinem Verhältnis zu dem stehen, das wir heute kennen.

Wir haben Vertrauen in den Menschen und in das Werkzeug, daß er sich geschmiedet hat, um sich aus dem Larvenstadium zu befreien: die wissenschaftliche, experimentelle Methode.

IVAN ILLICH

Verschulung als sozialer Mythos

Die Schule scheint außerordentlich geeignet zu sein, die Weltkirche unserer untergehenden Kultur zu werden. Keine Institution könnte besser die tiefe Diskrepanz zwischen sozialen Prinzipien und sozialer Realität der heutigen Welt vor seinen Teilhabern verschleiern. Sekularwissenschaftlich und todesverachtend stellt sie eine Einheit mit moderner Tendenz dar. Ihr klassischer kritischer Anstrich läßt sie pluralistisch, wenn nicht gar antireligiös erscheinen.
Ihr curriculum definiert einerseits die Wissenschaft und wird andererseits durch sogenannte wissenschaftliche Forschung definiert. Niemand vollendet die Schule — noch nicht. Sie schließt niemandem ihre Türen, ohne ihm noch eine Chance zu bieten: zu einer Sonderschule, einer Erwachsenen- und Weiterbildung.
Die Schule dient als wirksamer Schöpfer und Erhalter sozialer Mythen durch ihre Struktur als eines rituellen Spiels gestufter Beförderung. *Die Einweisung in dieses spielerische Ritual ist wesentlich wichtiger als das, was gelehrt wird oder wie es gelehrt wird. Es ist das Spiel selbst, das schult, das einem ins Blut geht und eine Gewohnheit wird.*
Eine ganze Gesellschaft wird in den Mythos des unendlichen Verbrauchs von Dienstleistungen eingeweiht. Das passiert bis zu dem Grade, daß die symbolische

Teilnahme an dem offenstehenden Ritual pflichtgemäß und zwanghaft überall geschieht. Die Schule dirigiert eine rituelle Rivalität in ein internationales Spiel, in dem die Gegner verpflichtet sind, die Mißstände der Welt auf diejenigen abzuladen, die nicht mitspielen können oder wollen.

Die Schule ist ein Einführungsritual, das den Anfänger in das heilige Rennen des fortschreitenden Verbrauchs einführt, ein Ritual der Sühne, dessen akademische Priester zwischen den Vertrauenden und den Göttern der Privilegien und Macht vermitteln, ein Ritual der Buße, das seine „drop outs“ opfert und sie als Sündenböcke der Unterentwicklung brandmarkt. . . .

Überall wissen die Kinder, daß ihnen eine Chance gegeben wurde, obwohl zwar eine ungleiche in einer obligatorischen Lotterie, und die angebliche Gleichheit des internationalen Standards vermengt nun ihre ursprüngliche Armut mit der selbstauferlegten Diskriminierung, der „drop outs“. Sie sind in dem Glauben an die Aufstiegserwartungen geschult und können nun ihre wachsende Frustration außerhalb der Schule durch das Akzeptieren ihrer Zurückweisung von Bildungswürden rationalisieren. Sie sind vom Himmel ausgeschlossen, weil sie, einst getauft, nicht zur Kirche gegangen sind. In Erbsünde geboren, sind sie in die erste Klasse eingetauft worden, gehen aber jetzt in die „Gehenna“ (das auf hebräisch Slum bedeutet) aufgrund ihrer persönlichen Fehler. Wie Max Weber dem sozialen Erfolg des Glaubens nachspürte, daß Erlösung denen gehöre, die Reichtum akkumulierten, so können jetzt wir beobachten, daß die Gnade denen vorbehalten bleibt, die Schuljahre akkumulieren.

KARL MARX / FRIEDRICH ENGELS

Herrschaft des Proletariats

Das Proletariat wird seine politische Herrschaft dazu benutzen, der Bourgeoisie nach und nach alles Kapital zu entreißen, alle Produktionsinstrumente in den Händen des Staats, d. h. des als herrschende Klasse organisierten Proletariats, zu zentralisieren und die Masse der Produktionskräfte möglichst rasch zu vermehren. Sind im Laufe der Entwicklung die Klassenunterschiede verschwunden und ist alle Produktion in den Händen der assoziierten Individuen konzentriert, so verliert die öffentliche Gewalt den politischen Charakter. Die politische Gewalt im eigentlichen Sinne ist die organisierte Gewalt einer Klasse zur Unterdrückung einer andern. Wenn das Proletariat im Kampfe gegen die Bourgeosie sich notwendig zur Klasse vereint, durch eine Revolution sich zur herrschenden Klasse macht und als herrschende Klasse gewaltsam die alten Produktionsverhältnisse aufhebt, so hebt es mit diesen Produktionsverhältnissen die Existenzbedingungen des Klassengegensatzes, die Klassen überhaupt, und damit seine eigene Herrschaft als Klasse auf. An die Stelle der alten bürgerlichen Gesellschaft mit ihren Klassen und Klassengegensätzen tritt eine Assoziation, worin die freie Entwicklung eines jeden die Bedingung für die freie Entwicklung aller ist.

LENIN

Kommunistische Weltgesellschaft

Die Aufhebung des Privateigentums, das Absterben der Klassen beseitigen die Ausbeutung von Menschen durch Menschen. Die Arbeit hört auf, ein Schaffen für den Klassenfeind zu sein. Aus einem bloßen Mittel zum Leben wird sie zum ersten Lebensbedürfnis. Die Armut verschwindet, es verschwindet die wirtschaftliche Ungleichheit der Menschen, das Elend der geknechteten Klassen, die Armseligkeit ihres materiellen Daseins überhaupt; es verschwindet die Hierarchie der Menschen in der Arbeitsteilung und damit der Gegensatz zwischen Kopf- und Handarbeit; es verschwinden schließlich die Spuren der sozialen Ungleichheit der Geschlechter. Zu gleicher Zeit verschwinden auch die Organe der Klassenherrschaft, vor allem die Staatsgewalt; als Verkörperung der Klassenherrschaft stirbt sie in dem Maße ab, wie die Klassen verschwinden. Damit stirbt allmählich jegliche Zwangsnorm ab.

Das Verschwinden der Klassen beseitigt jede Art des Bildungsmonopols. Die Kultur wird zum Gemeingut aller und an Stelle der Klassenideologien der Vergangenheit tritt die wissenschaftlich-materialistische Weltbetrachtung.

Die Entwicklung der Produktivkräfte der kommunistischen Weltgesellschaft macht die Hebung des Wohlstandes der ganzen Menschheit und die stärkste Verkürzung der der materiellen Produktion gewidmeten Zeit möglich und eröffnet damit eine in der Geschichte unerhörte Blütezeit der Kultur. Diese neue Kultur der zum erstenmal geeinten Menschheit, die alle Staatsgrenzen zerstört hat, wird — im Gegensatz zum Kapitalismus — auf klaren und durchsichtigen Beziehungen der Menschen zueinander beruhen. Sie wird daher Mystik und Religion, Vorurteile und Aberglauben für alle Zeiten begraben und damit der Entwicklung siegreicher wissenschaftlicher Erkenntnis einen mächtigen Anstoß geben.

HERBERT MARCUSE

Notwendigkeit von Alternativmodellen

Die Frage nach der Alternative erschien mir immer und erscheint mir heute noch als eine sehr einfache. Was die Jungen heute wollen, ist eine Gesellschaft ohne Krieg, ohne Ausbeutung, ohne Unterdrückung, ohne Armut und ohne Verschwendung. Nun, die entwickelte Industriegesellschaft verfügt heute über alle technischen, wissenschaftlichen und natürlichen Ressourcen, die notwendig sind, um eine solche Gesellschaft in der Tat zu konstruieren. Und was diese Befreiung verhindert, sind einfach das bestehende System und die Interessen, die an der Verteidigung dieses Systems Tag und Nacht arbeiten und immer gewalttätigere Mittel dazu verwenden. Die Alternative, das Alternativmodell, scheint mir so nicht schwer zu bestimmen. Wie das konkret aussehen soll, ist wieder eine andere Frage. Aber ich glaube, daß auf dem Grunde einer Beseitigung der Armut, einer Beseitigung der ungeheuren

Verschwendung und Destruktion von Ressourcen eine Lebensform gefunden werden kann, in der die Menschen wirklich ihre eigene Existenz bestimmen.

CHE GUEVARA

Erziehung zum neuen Menschen

Für uns hat die unmittelbare Erziehung eine viel größere Bedeutung. Unsere Aufklärung überzeugt, weil sie wahr ist; sie hat keine Ausflüchte nötig. Sie wird durch den Erziehungsapparat des Staates im Dienste der generellen, technischen und politischen Kultur geleistet mit Hilfe von Organisationen wie dem Erziehungsministerium und dem Propaganda-Apparat der Partei. Die Erziehung schlägt Wurzeln in den Massen, und die propagierte neue Haltung tendiert dazu, eine Gewohnheit zu werden; die Masse macht sie sich zu eigen und übt auf diejenigen Druck aus, die noch nicht erzogen sind. So sieht die mittelbare Methode, die Massen zu erziehen, aus, die ebenso wirkungsvoll ist wie die andere.
Aber dieser Prozeß ist bewußt; das Individuum nimmt ständig den Einfluß der neuen gesellschaftlichen Macht in sich auf und merkt, daß es nicht völlig an sie angepaßt ist. Auf Grund der mittelbaren Erziehung versucht es, sich mit Verhältnissen, die ihm als richtig einleuchten, in Einklang zu bringen — was es bis dahin nicht fertiggebracht hat wegen seiner unzureichenden persönlichen Entwicklung. Es erzieht sich selbst.
In dieser Periode des Aufbaus des Sozialismus können wir Zeugen der Entstehung des neuen Menschen werden. Sein Bild ist noch nicht ganz und gar fixiert und wird es nie sein können, da dieser Prozeß mit der Entwicklung der neuen ökonomischen Strukturen parallel läuft. Abgesehen von denen, die durch ihre unzureichende Erziehung auf den Weg des Einzelgängers verfallen, auf die egoistische Befriedigung ihrer Ambitionen, gibt es diejenigen, die selbst innerhalb des neuen Rahmens kollektiver Entfaltung die Tendenz haben, isoliert von der Masse, die sie begleiten, vorwärts zu marschieren.
Worauf es ankommt, ist, daß sich die Menschen der Notwendigkeit ihrer Eingliederung in die Gesellschaft mit jedem Tag bewußter werden und zugleich ihrer eigenen Bedeutung als Motor derselben. Sie marschieren nicht mehr völlig allein auf verschlungenen Pfaden ihren fernen Sehnsüchten entgegen. Sie folgen ihrer durch die Partei gebildeten Avantgarde, den Arbeitern der Avantgarde, Menschen der Avantgarde, die mit den Massen verbunden und in enger Gemeinschaft mit ihnen vorwärts marschieren.
Die Avantgarde hat den Blick auf die Zukunft gerichtet und auf den Lohn ihrer Mühen; aber dieser zeichnet sich nicht als etwas Individuelles ab; ihr Lohn ist die neue Gesellschaft, in der die Menschen anders sein werden; die Gesellschaft des kommunistischen Menschen. . . .
Wir Sozialisten sind freier, weil wir reicher sind, wir sind reicher, weil wir frei sind.

Das Gerippe unserer vollen Freiheit ist fertig. Es fehlt ihr nicht mehr als ihre Substanz und ihre Umhüllung, wir werden das schaffen.
Unsere Freiheit und unser tägliches Brot haben die Farbe des Blutes und stecken voller Opfer.
Unser Opfer ist bewußt, es ist der Preis der Freiheit, die wir errichten.
Der Weg ist lang und zum Teil unbekannt. Wir kennen unsere Grenzen. Wir werden den Menschen des 21. Jahrhunderts selber hervorbringen.
Wir werden uns im täglichen Handeln stählen, indem wir zusammen mit einer neuen Technik den neuen Menschen schaffen.
Die Persönlichkeit spielt eine große mobilisierende und leitende Rolle, soweit sie die höchsten Tugenden und die Wünsche des Volkes verkörpert und sich nicht von der Marschroute entfernt.
Es ist die Avantgarde-Gruppe, die den Weg bahnt, die Besten unter den Guten, die Partei.
Gegenstand unserer Arbeit ist in erster Linie die Jugend. Wir vertrauen ihr all unsere Hoffnungen an und bereiten sie darauf vor, die Fahne aus unseren Händen zu übernehmen.

LESZEK KOLAKOWSKI

Kritik der Messianismen

Das Wort „Revolution" bezeichnet im Marxschen Sprachgebrauch bekanntlich den Akt, in welchem die Herrschaft auf dem Wege der Gewalt von einer Klasse in die Hände einer anderen übergeht. Aber was in der Marxschen Theorie und ihren späteren Abarten die spezifisch revolutionäre Mentalität genannt werden kann, wird nicht so sehr in der allgemeinen Theorie der Revolution sichtbar; es zeigt sich viel eher in der Gegenüberstellung der Revolutionen der Vergangenheit und der antizipierten proletarischen Revolution der Zukunft. Von diesem Standpunkt aus darf der Marxismus als eine Denkfigur betrachtet werden, die der europäischen Kultur fast seit ihren Ursprüngen eigentümlich ist.
Allgemein gesagt ist die revolutionäre Mentalität durch den besonders intensiven Glauben gekennzeichnet, daß die totale Erlösung des Menschen möglich ist und daß dieser Zustand der Erlösung in einem absoluten Gegensatz zum gegenwärtigen Zustand der Sklaverei steht, so daß es keine Kontinuität und keine Mittelzustände zwischen dem einen und dem anderen gibt; überdies geht sie davon aus, daß diese totale Erlösung der einzige Menschheitszweck an sich ist, dem alle anderen Werte als Mittel untergeordnet werden müssen. Es gibt nur einen Ausgangspunkt: die totale Verneinung der bestehenden Welt. Was als Mittel zur Erlösung nicht dienen kann, ist entweder bedeutungslos oder muß als Teil der verdorbenen gegenwärtigen Welt gelten. Leiden und Mühe sind unzertrennliche Voraussetzungen des Weges zur Erlösung und deshalb sinnvoll und hundertfach durch ihre zukünftigen Früchte bezahlt. Kurz gesagt, die Revolutionäre glauben nicht an das Fegefeuer: sie glau-

ben an den Kreuzweg, an Hölle und Himmel, an das Königtum der totalen Erlösung und das Königtum des totalen Bösen. Sie denken nach dem Prinzip: „Alles oder nichts."

Die Idee der totalen Erlösung gehört zweifellos zu den wesentlichsten Komponenten des Christentums, genauer, der Lehre Christi. Sie ist im ganzen um die kommende Apokalypse organisiert; angesichts des baldigen Weltendes bleiben alle mittleren Wege verschlossen: es bleibt nur die Wahl zwischen dem Himmelreich und dem Reich des Bösen, der Welt der Gotteskinder und der Abgestoßenen, und die Gotteskinder zeichnen sich durch die Bereitschaft aus, alles, was sie haben, bis zum letzten Pfennig, für die preislose Perle des himmlischen Königreichs aufzugeben. Die Idee des „Alles oder nichts", die Alternative von totaler Erlösung oder totaler Verdammnis, der Gedanke, daß nur eines wahrlich wertvoll ist und das Leben in jedem Augenblick diesem Wert restlos untergeordnet werden muß — das macht die konstitutive Eigentümlichkeit der christlichen Lehre aus. . . .

Die Theorie der weltlichen Erlösung ahmt dasselbe dichotomische Schema nach, das die christliche Erlösungslehre auszeichnet, nur ist sie, im Gegensatz zum Christentum, um den prometheischen Glauben an die Selbsterlösung der Menschheit organisiert. Infolgedessen wirft sie, zumindest in der revolutionären Doktrin von Marx, die Idee der erlösenden Intervention von außen fort. Sie bewahrt dagegen den Gedanken der Erlösung durch die Negation, das heißt das Prinzip, wonach die Übel dieser Welt im Hinblick auf die endgültige Befreiung sinnvoll und sogar die notwendige Bedingung dieser Befreiung sind.

Die ganze marxistische Entfremdungstheorie stützt sich auf diese Dialektik der Negativität. Die entfremdenden Mächte, die in Gestalt der zwingenden ökonomischen Gesetze die Herrschaft über die Menschheit gewonnen haben, sind nicht nur Quellen des Elends, der Qual und der Ausbeutung: sie sind auch die notwendigen Etappen des Kreuzwegs zur Freiheit. Wenn die Geschichte die stufenweise Eroberung der Natur ist, so ist sie doch keineswegs die stufenweise Erweiterung des Bereichs der Freiheit, sondern, im Gegenteil, die wachsende Bedrängnis, Knechtschaft und Zufälligkeit des Lebens. Im Augenblick, da die Unterjochung des Menschen ihren Höhepunkt erreicht, sind die Bedingungen der letzten Revolution erfüllt: Das Herabsteigen in die Hölle geht unmittelbar dem großen Tage der Auferstehung voran. . . .

Diese Idee der universalen Befreiung bestimmt in der Marxschen Geschichtsphilosophie auch den möglichen Sinn aller Reformen. Die ökonomischen Gesetze des kapitalistischen Systems können innerhalb dieses Systems auf keine Weise aufgehoben werden; ihre Wirkungen mögen teilweise und temporär abgeschwächt werden, nie jedoch kann man sie abschaffen; der wachsende Klassengegensatz und zunehmende Ausbeutung sind ihre unvermeidliche Folge. Darum soll sich die Arbeiterklasse nicht täuschen. Der *einzige* Sinn der reformerischen Aktivität besteht in der Vorbereitung zum letzten Gefecht ... In diesem Sinne herrscht in der Marxschen Lehre wirklich der revolutionäre Geist: die Erlösung ist entweder total und endgültig oder gar nicht, es gibt keine mittleren Zustände, Reformen können die Revolution weder ersetzen noch ihre „teilweise" Verwirklichung herbeiführen.

Die Revolution ist nicht die Addition der Reformen, der Kapitalismus kann nicht verbessert werden, nur vernichtet. . . .
Der Konflikt zwischen dem eschatologischen, messianischen Geist des Marxismus und dem reformistischen Sozialismus überdauerte bekanntlich bis in unsere Zeit. Es ist sichtbar u. a. in den desperaten Anstrengungen der kommunistischen Ideologie, die Fruchtlosigkeit aller Reformen innerhalb der kapitalistischen Welt nachzuweisen. Seit den Tagen der Zweiten Internationale hat sich dabei immer wieder herausgestellt, daß die wirkliche Arbeiterklasse, die durch ihren Ort im Produktionsprozeß bestimmt ist, weniger für den revolutionären Messianismus und eher für die sichtbaren Teilerrungenschaften, die sie durch ihren Kampf erlangen kann, empfänglich ist. Die Vision der universalen und endgültigen Revolution dagegen, die das ganze Übel der Welt in Bausch und Bogen aufzuheben strebt, ist vielmehr Sache eines Teils der Intelligentsia, der unstabilen Randschichten oder derjenigen, die in Zeiten gewaltiger Krisen von ihrem sozialen Grund losgerissen waren. Diese Überlegung wird durch den Umstand bestätigt, daß die kommunistische Bewegung in den Ländern, wo sie heute die wirkliche Unterstützung des bedeutenden Teils der Arbeiterklasse genießt, mehr und mehr zum Reformismus neigt, während die revolutionäre Phraseologie zum Erbe der Tradition herabsinkt.
Die Unklarheit und Zweideutigkeit des Marxschen Denkens in der Frage von Kontinuität oder Bruch mit der voraufgehenden Kultur hat die extrem auseinanderlaufenden Sinndeutungen des Sozialismus möglich gemacht.
Der revolutionäre Messianismus verkündet ... noch immer den Anbruch der endgültigen Befreiung. Zwar vermag niemand zu sagen, worin die „gänzliche", „globale" oder „qualitative" Umwälzung der Gesellschaft bestehen soll (es sei denn, daß ihre Verkünder auch die Herrschaft übernehmen sollten), die Idee an sich genügt jedoch, um jede Art der kulturellen Zerstörung zu rechtfertigen. . . .
In dieser Hinsicht beobachten wir merkwürdige Übereinstimmungen. Marcuses Philosophie, die die totale „Transzendenz" der bestehenden Gesellschaft verkündet und von den Studentengruppen als Aufforderung zur Zerstörung der Universität verstanden wird, läuft mit der Ideologie der chinesischen Kulturrevolution zusammen, die, von ihren politischen Zielsetzungen abgesehen, zum kompletten Bruch der kulturellen Kontinuität führen sollte. Gewiß kann man sagen, daß es absurd wäre, Marx anzuklagen, weil die Fetzen seiner Doktrin als Vorwände der Barbarei verwendet werden. Aber man muß auch sagen, daß sein Messianismus sowie die Unklarheit seiner Philosophie in einer entscheidenden Frage dem destruktiven Nihilismus eine einfache Berusungsmöglichkeit gestattet. . . .
Der revolutionäre Messianismus und die Hoffnung auf totale Erlösung kommen regelmäßig in Zeiten der Krise zum Vorschein, wenn die hergebrachten Wertsysteme fragwürdig werden... Die vollständige Unterbrechung der kulturellen Kontinuität und die „totale Revolution" sind zwar ebensowenig möglich wie die vollkommene Gesellschaft. Dennoch sind empfindliche kulturelle Rückfälle keineswegs unmöglich, da es kein historisches Gesetz gibt, das der Menschheit den ununterbrochenen Fortschritt garantiert. Der Gedanke, daß die bestehende Welt so völlig verdorben ist, daß es undenkbar sei, sie zu verbessern, und daß *gerade*

aus diesem Grunde die Welt, die ihr nachfolgen wird, die Fülle der Vollkommenheit und die endgültige Befreiung sein wird — dies ist eine der monströsesten Verirrungen des menschlichen Geistes.

DOROTHEE SÖLLE

Latente Kirche

Als ich ein Kind war, brachte man mir bei: Christ ist, wer zur Kirche geht. Aber als ich erwachsen wurde, merkte ich, daß Christus nicht nur in der Kirche ist, weil er sozusagen inkognito, unter anderem Namen, in der Welt lebt und handelt, weil er dort ist, wo Menschen anders als zuvor wirklicher und befreiter leben, und weil er dort gekreuzigt wird, wo Menschen um ihr Leben gebracht werden — in welchen Formen auch immer. Wir können nicht mehr absehen von der Gegenwart des „größeren Christus" in der Welt, wenn wir wirklich glauben wollen, daß Christus für alle Menschen gestorben ist. Gott hat uns in Christus frei gemacht und damit die Grenzen gesprengt, so daß die verfaßte Kirche nicht mehr der einzige Ort ist, wo nach Christus gefragt und an ihn geglaubt wird. Gibt es nicht als Folgeerscheinung der Säkularisation eine „Kirche außerhalb der Kirche", eine verborgene, eine latente Kirche, in der Christus wie einst auf dem Weg nach Emmaus unerkannt gegenwärtig ist?
Erscheint nicht der Glaube an Christus heute sowohl in der offiziellen oder manifesten Kirche wie auch außerhalb derselben, nämlich dort, wo das Leben der Freigewordenen anbricht und gelebt oder auch nur erwartet wird, wo um dieses neuen Lebens willen gelitten und zugleich gehofft wird, wo Menschen es nicht aufgeben, nach diesem neuen Leben zu fragen, und sich nicht einverstanden erklären mit den Lösungen des billigen Glücks, mit deren Hilfe man heute das Reich Gottes zu verraten pflegt? Wo immer Menschen auf Gottes Reich warten, da ist Christus bei ihnen, da wartet er mit ihnen, auch wenn sie seinen Namen nicht nennen. Wo immer Menschen ihre Hoffnungen begraben haben, sei es unter billigem, überall angebotenem Glück, sei es unter billiger, immer schon besessener Gnade, da ist Christus mit begraben. Der Maßstab der latenten Kirche ist die Hoffnung, die sie hegt. Sie ist vor allem Kirche der Erwartenden.

POLITISCHES NACHTGEBET

Antwort auf die Frage der linken Freunde warum wir beten

weil es uns um die brüderlichkeit geht
aller
nicht nur der christen oder einer anderen gruppe
aller
auch derer die nach uns leben werden

in unsern städten mit unserm wasser
von uns erzogen bis ins dritte und vierte glied
aller
der toten die vor uns gelebt haben
deren träume wir verraten haben
die träume von 1789 und die von 1917
weil es uns um die brüder geht
darum sagen wir manchmal

vater unser

weil unsere aufgabe unendlich ist
und unsere sehnsucht nicht kleiner wird im lauf des lebens
weil christus nicht der trank für uns ist
sondern der der unsern durst verstärkt
darum sagen wir manchmal

der du bist im himmel

weil wir an orten leben
wo menschen über menschen zu sagen haben
in betrieben büros und schulen
und wissen daß herrschaft die häufigste art ist
den namen gottes zu beleidigen
darum sagen wir manchmal

geheiligt werde dein name

weil wir den kreislauf fürchten
von produktion und konsum und profit
für den sie uns abrichten wollen
darum sagen wir manchmal

dein wille geschehe

weil wir nicht ohne angst sind auch vor uns selber
nicht ohne zweifel auch an uns selber und unserem weg
nicht ohne ironie auch für unsere versuche
darum sagen wir manchmal

dein reich komme

wir reden vom täglichen brot
und meinen den knopf der dem gefangenen
in der zelle fehlt
und die niedrigen zölle für waren aus ärmeren ländern
wir bekennen unsere schuld
als eines der reichsten länder der erde
die voller verhungernder ist
als bürger eines geordneten landes

das voller verzweifelnder ist
wir vergeben unsern schuldigern
die uns um das leben betrügen
indem wir nicht aufhören ihnen bessere vorschläge
zu machen
so ihre würde achtend
weil wir deutsche deutsche sind
blind vor nationalismus und krank an rachsucht
weil wir ganze länder nicht anerkennen
und grenzen des friedens nicht wahrhaben wollen
darum sagen wir manchmal

und führe uns nicht in versuchung

weil wir untertan sind
und nicht gelernt haben herrschaft zu begrenzen
und mächtige zu kontrollieren
und es noch kaum verstehen unser schicksal
mitzubestimmen
weil wir uns überlassen
der resignation und dem blinden schmerz
darum sagen wir manchmal

sondern erlöse uns von dem übel

weil wir glauben brauchen für das reich
das wir sind und bauen
und ermutigung für unsere arbeit
daß wir nich umsonst entwerfen
darum sagen wir manchmal

dein ist das reich und die kraft und die herrlichkeit

und setzen darauf daß gott sei

in ewigkeit für uns.

Quellen

K.-W. Dahm, Religion, in: information 3/1971, S. 2—4

D. Stoodt, Religion in religionssoziologischer Betrachtung, in: Schönberger Hefte 1, S. 2 ff

Fr. Engels, Herrn Dührings Umwälzung der Wissenschaft, geschrieben 1876—1878, in: K. Marx, Fr. Engels, Über Religion, Dietz-Verlag, Berlin, 1958, S. 118 f

B. Brecht, Gesammelte Werke in 20 Bänden (werkausgabe edition suhrkamp) Bd. 3, Studie 3, S. 1294 f.

S. Freud, Massenpsychologie und Ich-Analyse, Fischer-Bücherei 859, Frankfurt 1970, S. 110—113, 132

H. von Hentig, Systemzwang und Selbstbestimmung, Klett Stuttgart, 2. Aufl. 1969, S. 101 f.

J. Matthes, Artikel „Gesellschaft", in: G. Otto, Hrsg., Praktisch-Theologisches Handbuch, Furche Hamburg 1970, S. 213—215

Th. Luckmann, Das Problem der Religion in der modernen Gesellschaft, Rombach Freiburg 1963, S. 36—38

E. Lemberg, Ideologie und Gesellschaft, Kohlhammer Stuttgart 1971, S. 34

L. Kolakowski, Traktat über die Sterblichkeit der Vernunft (dt. 1967), in: K. Lenk, Hrsg., Ideologie. Soziol. Texte 4, Luchterhand Neuwied 5. Aufl. 1971, S. 382 f.

J. Habermas, Technik und Wissenschaft als Ideologie, ed. suhrkamp 287, Frankfurt 1968

K. Reblin, Keine Wirklichkeit ohne Fragezeichen, DIE ZEIT Nr. 52/1971 vom 24. 12. 1971

F. Fürstenberg, Kirchenreform und Gesellschaftsstruktur, in: ders. Hrsg., Religionssoziologie. Soziologische Texte 15, Luchterhand Neuwied 2. Aufl. 1970, S. 282—288

P. L. Berger, Auf den Spuren der Engel, S. Fischer Frankfurt 1970, S. 57—61

L. Kolakowski, Der Mensch ohne Alternativen. Von der Möglichkeit und Unmöglichkeit, Marxist zu sein (dt. 1960), in: K. Lenk, Hrsg., Ideologie, aaO S. 377—379

F. Neidhart, in: K. M. Bolte u. a., Deutsche Gesellschaft im Wandel, Bd. 2, Leske Opladen 1970, S. 69,72 f.

L. A. Vascovics, Religionssoziologische Aspekte der Sozialisation wertorientierter Verhaltensformen, Internationales Jahrbuch für Religionssoziologie 3, 1967, Westdeutscher Verlag Opladen, S. 155

K. Korth, Die Stunde des Elternhauses, Vandenhoeck & Ruprecht Göttingen 1957, S. 209 f.

W. Pioch, Gott, du hast mich lieb, Agentur des Rauhen Hauses Hamburg 1968, S. 3—5

Kinderreaktion, aus: Und Gott schreibt auch auf krummen Linien gerade, Burckhardthaus, Gelnhausen-Berlin 1959

Konfirmationsordnung aus der Agende für ev.luth. Kirchen und Gemeinden, 3. Band, 2. Aufl. 1963, S. 89—91

K. E. Nipkow, Curriculumforschung und Religionsunterricht, zit. nach: W. G. Esser, Hrsg., Zum Religionsunterricht morgen I, Jugenddienst Pfeiffer, München—Wuppertal 1970, S. 266 f.

Heutige Zielbestimmung des RU, aus: Katechetische Blätter, 1972, S. 16 f.

D. Damm, Plädoyer für eine unchristliche Erziehung, aus: Vorgänge 7/8 1969, S. 274 f.

C. Amery, Die Kapitulation oder Deutscher Katholizismus heute, rororo 589, S. 21—23

H.-B. Kaufmann, Religiöse Erziehung unter Ideologieverdacht, aus: W. G. Esser/G. Stachel, Hrsg., Was ist Religionspädagogik?, Zürich 1971, S. 90 ff.

H. Schelsky, Ist die Dauerreflexion institutionalisierbar?, in: H. Matthes, Religion und Gesellschaft I rde 279/80, Frankfurt 1967, S. 178 f.

H. Albert, Traktat über kritische Vernunft, Mohr Tübingen, 2. Aufl. 1969, S. 30 ff.

N. Greinacher, Der Glaube wird anders, in: W. Harenberg, Hrsg., Was glauben die Deutschen?, Kaiser/Grünewald, München—Mainz 2. Aufl. 1968, S. 150

H. Cox, Das Fest der Narren, Kreuz Stuttgart, 3. Aufl. 1971, S. 95 ff.

Th. F. O'Dea, Die fünf Dilemmas der insitutionalisierten Religion, in: F. Fürstenberg, Hrsg., Religionssoziologie, Neuwied 1970, S. 231 ff.

E. Wolf, in: G. Szczesny, Hrsg., Die Antwort der Religionen, rororo 6700, Rowohlt, Reinbek, S. 240

M. Weber, Askese und kapitalistischer Geist, in: F. Fürstenberg, Hrsg. Religionssoziologie, *S. 418—420*

K.-H. Deschner, Das Kapital der Kirche in der Bundesrepublik, Club Voltaire IV, Rowohlt Reinbek 1970, S. 301 f.

DER SPIEGEL Nr. 6/1972

Studie der Kammer für soziale Ordnung der EKD: Sozialethische Erwägungen zur Mitbestimmung in der Wirtschaft der Bundesrepublik Deutschland, in: Kirchliches Jahrbuch 1968, Mohn Gütersloh 1970, S. 140 ff.

D. Sölle, Politische Theologie, Kreuz-Verlag, Stuttgart, S. 66 f.

H. D. Bastian, in: W. Harenberg, Hrsg., Was glauben die Deutschen? S. 160 f.

SPIEGEL-Untersuchung, ebd. S. 102

J. Matthes, Religionszugehörigkeit und Gesellschaftspolitik, in: Internationales Jahrbuch für Religionssoziologie, 1, Westdeutscher Verlag Opladen 1965, S. 57—59

Kardinal Höffner, nach: Die Welt Nr. 44, 22. 2. 1972

G. Hamburger, Kleines gelbes Schülerbuch, Styria, Graz/Wien/Köln 1971, S. 42—44

Iglesia Joven, zit. nach: G. Adler, Hrsg., Revolution in Lateinamerika, Schöningh Paderborn 1970, S. 113 f.

J. B. Metz, Zur Theologie der Welt, M. Grünewald-Verlag, Mainz 1968, S. 143 f.

P. L. Berger, Einladung zur Soziologie, List Taschenbuch 372/3, München 1971, S. 58—62

Th. Luckmann, Das Problem der Religion in der modernen Gesellschaft, S. 30 f., 58—63

G. Szczesny, Die Zukunft des Unglaubens, List München 1965, S. 53—55

H. J. Schultz, Konversion zur Welt. Furche Stundebuch 42, Hamburg 1964, S. 33—35

K. Barth, Kirchliche Dogmatik, hrsg. von H. Gollwitzer, Siebenstern-Taschenbuch 47/8 München—Hamburg 1965, S. 67

D. Bonhoeffer, Widerstand und Ergebung, Kaiser München 11. Aufl. 1962, S. 179—181

K.-W. Dahm, Religion, aaO S. 4

H. Schelsky, Ist die Dauerreflexion institutionalisierbar? aaO S. 165 f.

G. Picht, Mut zur Utopie, Piper München 1969^2, S. 136—138

Th. Luckmann, aaO S. 31

H. N. Janowski, in: Ev. Kommentare 1/1972, S. 5

H. Schelsky, Ist die Dauerreflexion institutionalisierbar? aaO S. 171 ff.

A. Schopenhauer, Aphorismen zur Lebensweisheit, Hannemann, Stuttgart 1947, S. 161 ff.

M. Machovec, Vom Sinn des menschlichen Lebens, Rombach Freiburg 1971, S. 22 u. 25

M. Marković, Ideale Möglichkeit und Wirklichkeit, in: G. Petrovic, Hrsg., Revolutionäre Praxis, Rombach Freiburg 1969, S. 34

P. Brügge, „Wir wollen, daß man sich an uns gewöhnt", DER SPIEGEL Nr. 33 1971, S. 36 f., 40

L. Weinsheimer, „Deshalb igeln wir uns ein", DIE ZEIT Nr. 9/1968

The Beatles, The Beatles Songbook I, dtv 745 Stuttgart 1971

H. Cox, Das Fest der Narren, S. 118, 122 f.

H. Lübbe, Religiöser Überbau, DEUTSCHE ZEITUNG Nr. 7/1972, S. 9

S. M. Daecke, Für und Wider die Jesus People, Ev. Kommentare 3/1972, S. 155 ff.

H. Albert, Traktat über kritische Vernunft, S. 30, 34 ff.

L. Marcuse, Unverlorene Illusionen, Szczesny-Verlag München 2. Aufl. 1966, S. 68 f., 73 f.

A. Mitscherlich, Thesen über Grausamkeit. In: ders., Die Idee des Friedens und die menschliche Aggresivität, bibliothek suhrkamp 233 Frankfurt 1970, S. 101 ff.

B. Russel, Warum ich kein Christ bin, Rowohlt Reinbek 1963, S. 34

H. R. Schlette, Christen als Humanisten, Theologische Fragen heute, Hueber München 1967, S. 8 f., 112 f., 114

A. Camus, Das Frühwerk, Rauch Düsseldorf 1967

J. Schmandt, Technik und sozialer Fortschritt, in: R. Jungk, Hrsg., Menschen im Jahr 2000, Frankfurt 1969

F. Vester, Bausteine der Zukunft, Fischer Bücherei 926, Frankfurt 1969, S. 151

C. F. von Weizsäcker, Die Tragweite der Wissenschaft. Schöpfung und Weltentstehung, Hirzel Stuttgart 1964, S. 16

J. Fourastié, Die große Metamorphose des 20. Jahrhunderts, Düsseldorf—Wien 1964, S. 65 f., 78

I. Illich, Schule — Ritual des Fortschritts, betrifft: erziehung 3/1971, S. 22 f., 25

Marx/Engels, Manifest der Kommunistischen Partei, Bücherei des Marxismus-Leninismus, Dietz Berlin 1967, S. 66, 68

Lenin, zit. nach: Quellenbuch der Kirchengeschichte III, S. 87

H. Marcuse, in: F. Stark, Hrsg., Revolution oder Reform? H. Marcuse und K. Popper in einer Konfrontation, Kösel München 1971, S. 15

Che Guevara, Mensch und Sozialismus auf Kuba, in: G. Feltrenelli, Hrsg., Lateinamerika - Ein zweites Vietnam, Rowohlt Paperback 66, Reinbek 1968, S. 89 f., 98

L. Kolakowski, in: DER SPIEGEL, 41/1970

D. Sölle, Die Wahrheit ist konkret, Walter Verlag Olten/Freiburg, 5. Aufl. 1969, S. 120 f.

Politisches Nachtgebet I, Kreuz-Verlag Stuttgart 3. Aufl. 1971, S. 122—124

8.25